Marie-Christine Rouault

L'essentiel du Contentieux administratif

4e édition

À jour de la loi du 12 novembre 2013 de simplification des relations entre l'administration et les citoyens

Gualino
lextenso éditions

LES CARRÉS

Cette collection de livres présente de manière **synthétique, rigoureuse** et **pratique** l'ensemble des connaissances que l'étudiant doit posséder sur le sujet traité. Elle couvre :

- **le Droit et la Science Politique ;**
- **les Sciences économiques ;**
- **les Sciences de gestion ;**
- **les concours de la Fonction publique.**

70, rue du Gouverneur Général Éboué
92131 Issy-les-Moulineaux cedex
ISBN 978 - 2 - 297 - 03207 - 0
ISSN 1288-8206

Présentation

Le contentieux, au sens profond, est la querelle, la contestation. En ce sens, le contentieux administratif est constitué des litiges suscités par l'action administrative.

Dans le sens juridique, le contentieux désigne les actions et les recours juridictionnels.

Le contentieux administratif désigne à la fois le procès administratif et le juge administratif. Son régime juridique concerne le droit applicable aux procès qui se déroulent devant les juridictions administratives.

Cet ouvrage, destiné aux étudiants en licence et master Droit, aux étudiants des Instituts d'études politiques et aux candidats des concours de la fonction publique, est une présentation claire et synthétique de ce qu'il faut connaître du procès administratif et du juge administratif.

SOMMAIRE

Liste des abréviations

Assoc.	Association
CADA	Commission d'Accès aux Documents Administratifs
Cons. const.	Conseil constitutionnel
CE	Conseil d'État
CE, ass.	Conseil d'État, assemblée
CE, ass. plén.	Conseil d'État, assemblée plénière
CE, sect.	Conseil d'État, section
CGCT	Code général des collectivités territoriales
C. just. adm.	Code de justice administrative
Const.	Constitution
Conv. EDH	Convention européenne de sauvegarde des droits de l'homme et des libertés fondamentales
Cour EDH	Cour européenne des droits de l'homme
D.	Décret
DOM	Département d'outre-mer
ENA	École Nationale d'Administration
Fédé.	Fédération
ROM	Région d'outre-mer
Synd.	Syndicat
UFR	Unité de formation et de recherche
V.	Voir

La procédure contentieuse administrative

Chapitre 1

Le Code de justice administrative regroupe l'ensemble des dispositions relatives à la procédure devant les juridictions administratives de droit commun. Des textes spécifiques s'appliquent aux juridictions administratives spécialisées. Il existe en outre de nombreuses sources jurisprudentielles, applicables à toutes ces juridictions.

1 Les sources

Le Conseil d'État a posé des règles de procédure et érigé certaines d'entre elles au rang de principes généraux du droit, s'imposant au pouvoir réglementaire et parfois au législateur.

Des textes ont permis la création d'une véritable procédure devant le juge administratif et confié au Conseil d'État le soin de rendre la justice au nom du peuple français.

La loi du 24 mai 1872 donne au Conseil d'État le pouvoir de rendre lui-même la justice, lui fournissant la possibilité de créer un véritable contentieux administratif, dégagé d'une procédure purement administrative. La procédure contentieuse sera codifiée pour la première fois par l'ordonnance du 31 juillet 1945 relative au Conseil d'État. Le décret du 13 juillet 1973 crée le Code des tribunaux administratifs. La loi du 31 décembre 1987 en fait le Code des tribunaux administratifs et des cours administratives d'appel. Enfin, une étape décisive est franchie en 2000 avec la publication du Code de justice administrative, réunissant dans un texte unique toutes les dispositions relatives à la procédure devant les juridictions administratives générales.

Sources constitutionnelles

La Constitution du 4 octobre 1958 ne traite ni de la juridiction administrative en tant que telle – seul l'article 74 y fait référence de manière incidente à propos du contentieux des actes des assemblées délibérantes des collectivités d'outre-mer – ni du contentieux administratif. Néanmoins, le droit constitutionnel est source de règles de contentieux administratif.

Le Conseil constitutionnel, tirant de la loi du 24 mai 1872 un principe fondamental reconnu par les lois de la République qui consacre l'indépendance de la juridiction administrative et le caractère spécifique de ses fonctions, sur lesquelles ne peuvent empiéter ni le législateur ni le gouvernement, a reconnu valeur constitutionnelle à l'existence de la juridiction administrative (*Cons. const., 22 juill. 1980*). Une révision constitutionnelle serait donc nécessaire pour supprimer cet ordre de juridiction. Conformément à la conception française de la séparation des pouvoirs, figure au nombre des principes fondamentaux celui selon lequel, à l'exception des matières réservées par nature à l'autorité judiciaire, relève en dernier ressort de la compétence de la juridiction administrative l'annulation ou la réformation des décisions prises, dans l'exercice des prérogatives de puissance publique, par les autorités exerçant le pouvoir exécutif, leurs agents, les collectivités territoriales de la République ou les organismes placés sous leur autorité ou leur contrôle (*Cons. const., 23 janv. 1987, Conseil de la concurrence*).

L'article 34 de la Constitution donne compétence au législateur pour fixer les règles concernant la création de nouveaux ordres de juridiction, c'est-à-dire toute juridiction ou tout ensemble de juridictions ayant des caractéristiques ou des spécificités propres par rapport aux juridictions existantes, quant à leur composition ou leurs attributions (*CE, ass., 13 juill. 1962, Conseil national de l'ordre des médecins*). Il est de la seule compétence du législateur de poser les règles d'organisation, de compétence et de procédure dont l'application est de nature à avoir des effets sur l'accès au service public de la justice, y compris de la juridiction administrative.

En revanche, le pouvoir réglementaire est compétent pour poser les règles de contentieux administratif qui ne mettent en cause aucun principe fondamental ni aucune règle que l'article 34 de la Constitution range dans le domaine de la loi (*Cons. const., 14 oct. 1996*).

Lorsque le Conseil constitutionnel, après avoir abrogé une disposition déclarée inconstitutionnelle, use du pouvoir que lui confèrent les dispositions de l'article 61-1 de la Constitution – soit de déterminer lui-même les conditions et limites dans lesquelles les effets que la disposition a produits sont susceptibles d'être remis en cause, soit de décider que le législateur aura à prévoir une application aux instances en cours des dispositions qu'il aura prises pour remédier à l'inconstitutionnalité constatée –, il appartient au juge, saisi d'un litige relatif aux effets produits par la disposition déclarée inconstitutionnelle, de les remettre en cause en écartant, pour la solution de ce litige, le cas échéant d'office, cette disposition, dans les conditions et limites fixées par le Conseil constitutionnel ou le législateur (*CE, ass., 13 mai 2011, Mme M'Rida*).

■ *Sources internationales et communautaires*

Les juridictions administratives doivent respecter les stipulations des conventions internationales et les principes du droit international public relatifs à la garantie des droits des individus. Bien que les traités et conventions internationales aient une valeur supérieure à celle des lois (art. 55, Const.), le juge administratif ne se fonde sur le droit international que sous réserve de la compatibilité des règles de droit international public avec les principes de valeur constitutionnelle.

Il n'existe pas de hiérarchie entre les traités dans l'ordre juridique interne. Lorsqu'est invoqué, à l'appui de conclusions dirigées contre une décision administrative faisant application des stipulations inconditionnelles d'un traité ou d'un accord international, un moyen tiré de l'incompatibilité de ces stipulations avec celles d'un autre traité ou accord international, il incombe au juge administratif : – de définir, conformément aux principes du droit coutumier relatifs à la combinaison entre elles des conventions internationales, les modalités d'application respectives des normes internationales en débat conformément à leurs stipulations, de manière à assurer leur conciliation, en les interprétant, le cas échéant, au regard des règles et principes à valeur constitutionnelle et des principes d'ordre public ; – en cas de difficulté persistante de conciliation, de faire application de la norme internationale dans le champ de laquelle la décision administrative contestée a entendu se placer (*CE, ass., 23 déc. 2011, Kandyrine de Brito Paiva*).

Revêt une importance particulière l'article 6 de la Conv. EDH, dont les stipulations s'appliquent devant la juridiction administrative dès lors qu'un acte d'une autorité administrative revêt un caractère répressif ou porte atteinte à la situation patrimoniale du requérant. Dans ces matières, la juridiction doit être indépendante et impartiale et statuer publiquement et dans un délai raisonnable.

Le principe de publicité des débats s'applique dans la procédure disciplinaire devant les juridictions ordinales (*CE, ass., 14 févr. 1996, Maubleu*). L'excessive lenteur de la procédure peut être invoquée à l'appui d'une demande d'indemnité (*CE, ass., 28 juin 2002, Garde des Sceaux c/Magiera*).

Le juge administratif applique certaines règles de droit communautaire : l'article 233 du Traité CE organise le renvoi à la CJUE en cas de difficulté d'interprétation des stipulations du Traité. Surtout, des directives communautaires ont été introduites dans le Code de justice administrative (art. L. 551-1 et s. : référés contractuel et précontractuel).

La condamnation par la Cour EDH de la présence du commissaire du gouvernement, devenu le rapporteur public, au délibéré a conduit à une modification du Code (art. R. 732-2 et R. 733-3, C. just. adm.).

Les juridictions administratives et judiciaires, à qui incombe le contrôle de la compatibilité des lois avec le droit de l'Union européenne ou les engagements internationaux de la France, peuvent déclarer que les dispositions législatives incompatibles avec le droit de l'Union ou ces engagements sont inapplicables au litige qu'elles ont à trancher. Il appartient au juge du litige, s'il n'a pas fait droit à l'ensemble des conclusions du requérant en tirant les conséquences d'une déclaration d'inconstitutionnalité d'une disposition législative prononcée par le Conseil constitutionnel, d'examiner, dans l'hypothèse où un moyen en ce sens est soulevé devant lui, s'il doit, pour statuer sur les conclusions qu'il n'a pas déjà accueillies, écarter la disposition législative en cause du fait de son incompatibilité avec une stipulation conventionnelle ou, le cas échéant, une règle du droit de l'Union européenne dont la méconnaissance n'aurait pas été préalablement sanctionnée (*CE, ass., 13 mai 2011, Mme M'Rida*).

Mais les juridictions nationales ne peuvent se trouver vis-à-vis d'une juridiction internationale dans une situation de subordination telle qu'elles devraient reprendre le jugement d'une affaire après examen par la juridiction internationale (*CE, 11 févr. 2004, Mme Chevrol*).

■ *Compétences de la loi et du règlement*

Tout ce qui ne relève pas du domaine de la loi relève de celui du règlement, en vertu de la combinaison des articles 34 et 37 de la Constitution. Ceci se traduit par la division du Code de justice administrative en une partie législative et une partie réglementaire. La procédure administrative contentieuse est une matière essentiellement réglementaire (*CE, sect., 8 oct. 1971, Librairie F. Maspero ; – ass., 2 juill. 1982, Huglo ; Cons. const., 21 déc. 1972 ; – 14 mai 1980*).

Les principes généraux du droit, notamment les principes de procédure, limitent la compétence du pouvoir réglementaire autonome (*CE, ass. plén., 19 oct. 1962, Canal*).

■ *Règles jurisprudentielles*

Le juge administratif qualifie les règles jurisprudentielles de principes généraux du droit, de principes généraux de procédure ou de règles générales de procédure, dont la valeur juridique diffère. Certains principes généraux du droit s'imposent au pouvoir réglementaire et même au législateur. La plupart s'imposent au pouvoir réglementaire, sauf disposition législative expresse contraire (principe du contradictoire, motivation des jugements, secret du délibéré, droit au recours...).

Les autres principes n'ont qu'un caractère supplétif et s'appliquent sauf disposition législative ou réglementaire contraire (droit de former un recours administratif conservant le délai de recours contentieux).

2 Les principes de procédure administrative

L'essentiel des principes de procédure administrative est regroupé dans le titre préliminaire du Code de justice administrative (art. L. 2 à L. 11, C. just. adm.). Toutes les juridictions administratives de droit commun sont soumises au respect de ces principes qui, souvent déjà affirmés comme principes généraux du droit, s'imposent à ce titre aux juridictions administratives spéciales.

■ *Principe du contradictoire*

Le principe du contradictoire, de valeur constitutionnelle (*Cons. const., 28 juill. 1989*), constitue un principe fondamental reconnu par les lois de la République et a pour corollaire le caractère contradictoire de la procédure (*Cons. const., 29 déc. 1989*). Traduction de la règle *audi alteram partem*, il se subdivise en plusieurs obligations qui s'imposent au juge. Tendant à assurer l'égalité des parties devant le juge, il constitue un aspect du principe constitutionnel d'égalité devant la justice (*CE, 29 juill. 1998, Mme Esclatine*).

Les parties doivent être informées de l'instance (*CE, 17 nov. 1986, SA Luchaire*) et des éléments du dossier. Aucun document ne saurait être régulièrement soumis au juge sans que les parties aient été mises à même d'en prendre connaissance (*CE, ass., 13 déc. 1968, Association. syndicale des propriétaires de Champigny-sur-Marne ; – 13 mars 2006, Wespelaere et a.*).

L'instruction des affaires est contradictoire (*CE, 20 juin 1913, Tery*). Dans un débat juridictionnel, aucune partie ne doit être défavorisée par rapport aux autres (*CE, 20 avr. 2005, Karsenty*).

Lorsque la décision lui paraît susceptible d'être fondée sur un moyen relevé d'office, le juge en informe les parties et fixe le délai dans lequel elles peuvent présenter leurs observations sur ce moyen (art. R. 611-7, C. just. adm.). La contradiction reste obligatoire lorsqu'un moyen d'ordre public est soulevé d'office au cours de la séance de jugement ou au cours du délibéré (*CE, sect., 30 oct. 1992, Ministre des affaires étrangères et Secrétaire d'État aux grands travaux c/association de sauvegarde du site Alma-Champ-de-Mars*). Le juge n'est cependant pas tenu de faire connaître les raisons pour lesquelles il relève ce moyen (*CE, 21 déc. 1994, SARL La Flotte frçse*).

La contradiction doit être respectée, autant que possible, dans les procédures d'urgence. Saisi d'un mémoire postérieurement à la clôture de l'instruction, le juge doit toujours en prendre connaissance avant de rendre sa décision. S'il est amené à en tenir compte, il doit le soumettre au débat contradictoire (*CE, sect., 27 févr. 2004, Préfet des Pyrénées-Orientales*).

Le plaideur a le droit de répondre aux observations de l'adversaire et de disposer pour cela d'un délai suffisant (*CE, sect., 31 déc. 1976, Association Les Amis de l'île de Groix*).

Le juge doit utiliser son pouvoir inquisitorial de l'instruction pour assurer le respect de l'égalité entre les parties. Il peut obliger l'administration à produire certaines pièces et à motiver ses actes (*CE, ass., 28 mai 1954, Barel ; – ass., 27 nov. 1970, Agence maritime Marseille Fret*). Lorsqu'une pièce est couverte par un secret qui empêche de la produire à l'adversaire (secret-défense...), le juge ne tient pas compte de cette pièce.

Le contradictoire connaît des tempéraments et même de véritables exceptions. N'en relèvent pas des mémoires sans nouvel apport, tardifs et sans élément nécessaire à la décision. Les constats d'urgence n'y sont assujettis que dans la mesure où aucune circonstance particulière ne s'y oppose (*CE, sect., 7 févr. 1969, M'Barek*). La contradiction est nécessairement exclue en ce qui concerne les documents dont le refus constitue l'objet même du litige (*CE, 23 déc. 1988, Banque de France c/Huberschwiller*). Aucune réplique n'est possible aux conclusions du rapporteur public, sauf par de rapides notes en délibéré.

■ *Règles de composition et de fonctionnement de la juridiction*

a) Composition de la juridiction

Les jugements sont rendus en formation collégiale, sauf s'il en est autrement disposé par la loi (art. L. 3, C. just. adm.). Mais les hypothèses où un magistrat statue seul se multiplient (référés, règlement des difficultés de compétence au sein de la juridiction administrative, litiges relevant d'une série...) :

- ***imparité*** (art. L. 222-1, C. just. adm.). La règle ne connaît plus exception que pour les chambres réunies de la Cour des comptes (art. R. 112-18, C. jur. fin.). Le quorum doit être atteint, sauf si la loi en dispose autrement ;
- ***impartialité***. Le principe ne s'oppose pas à ce que des juges dont une décision a été annulée délibèrent à nouveau sur l'affaire (*CE, sect., 11 févr. 2005, Commune de Meudon*). Le juge du référé suspension peut ultérieurement statuer sur le fond de l'affaire, compte tenu des particularités de la procédure de référé et à condition qu'il n'ait pas préjugé l'issue du litige (*CE, sect., avis, 12 mai 2004, Commune de Rogerville*) ;
- ***secret du délibéré*** (art. L. 8, C. just. adm.). Aucune personne étrangère à la juridiction ne peut y participer, à peine de nullité du jugement. Au Conseil d'État, certaines personnes peuvent être autorisées à y assister (art. R. 731-4, C. just. adm.), sans pouvoir opiner ni en révéler le secret ;
- ***la validité de la composition de la juridiction est une question d'ordre public***. Les parties peuvent récuser les juges dont l'impartialité ou l'indépendance ne seraient pas assurées dans un procès donné.

b) Décision juridictionnelle

Les jugements sont rendus au nom du peuple français (art. L. 2, C. just. adm.). Ils doivent être prononcés – « lus » – en audience publique (art. R. 741-1, C. just. adm.). La lecture authentifie la date du jugement, lui confère l'autorité de la chose jugée et opère le dessaisissement de la juridiction. Une expédition du jugement, revêtue de la formule exécutoire, est notifiée aux parties. Les tiers peuvent consulter le jugement au greffe et en obtenir copie.

Les jugements mentionnent les noms des juges qui les ont rendus (art. L. 10, C. just. adm.) et sont motivés (art. L. 9, C. just. adm.), c'est-à-dire comportent l'énoncé des considérations de droit et de fait qui ont conduit le juge à accueillir ou à rejeter la requête et répondent à l'argumentation des parties dont les conclusions ne sont pas accueillies. Le jugement analyse tous les moyens soulevés par les parties, toutes les conclusions présentées, la décision attaquée, toutes les pièces du dossier et tous les textes appliqués. Ils sont exécutoires (art. L. 11, C. just. adm.).

■ *Tenue de l'audience*

Les débats ont lieu en audience publique (art. L. 6, C. just. adm.). Il n'y a pas toujours une audience, mais dès lors qu'il y a audience, elle doit être publique.

Un membre de la juridiction, chargé des fonctions de rapporteur public, expose publiquement et en toute indépendance son opinion sur les questions que présentent à juger les requêtes et sur les solutions qu'elles appellent (art. L. 7, C. just. adm.).

Les grands traits de la procédure administrative

La procédure administrative se distingue des procédures civile et pénale. Le contentieux administratif comporte plusieurs branches.

CHAPITRE
2

1 Les originalités de la procédure administrative

La procédure administrative est inégalitaire, inquisitoriale, écrite et secrète, autonome, simple et économique.

■ *Inégalitaire*

En contentieux administratif, les intérêts du particulier sont respectés, mais, à caractère privé, ils s'affrontent à l'intérêt général défendu par l'administration, d'où l'absence d'égalité entre les adversaires. Le principe d'égalité des armes consacré par la Cour EDH n'est pas totalement respecté (le rapport rédigé par le rapporteur n'est pas communiqué aux parties).

■ *Inquisitoriale*

Le juge dirige la procédure, ce qui compense le caractère inégalitaire du procès. Il décide des mesures d'expertise, ordonne les mesures d'instruction, assure la transmission des pièces entre les adversaires. Il fixe aux parties des délais pour la production des observations, mémoires et pièces, et clôt l'instruction.

■ *Autonome*

Les dispositions du Code de procédure civile sont inapplicables aux instances administratives, sauf si un texte le prévoit. Mais le juge administratif applique certaines règles de procédure civile, en tant qu'elles constituent un fonds de principes de procédure dictés par les principes généraux ou le bon sens, et dont l'application n'est ni écartée par un texte ni inconciliable avec l'organisation des juridictions administratives.

■ *Écrite et secrète*

La procédure est essentiellement écrite, sauf dans les référés d'urgence. L'essentiel de la procédure se fait par échange de mémoires. Les conclusions et moyens des parties sont fixés par écrit. L'introduction du recours nécessite la rédaction d'un mémoire introductif d'instance, adressé au juge, comportant au moins les nom et qualité du demandeur, l'exposé des faits, les moyens et les conclusions. En général, son contenu est développé dans un mémoire complémentaire. Le juge transmet ce mémoire à l'adversaire, qui présente sa défense dans un mémoire en réplique. Le président met fin à l'échange des mémoires et désigne un conseiller comme rapporteur, chargé de proposer une solution, et un conseiller comme rapporteur public, dont les conclusions, qui analysent l'affaire et proposent elles aussi une solution, sont orales.

Devant les juridictions inférieures, les parties, ou leurs avocats, peuvent présenter des observations orales à l'audience. Devant le Conseil d'État, les avocats aux Conseils ont le monopole de la présentation d'observations orales.

L'instruction est secrète parce qu'écrite. Seules les parties et leurs défenseurs connaissent le contenu des mémoires. Cependant, les débats ont lieu en audience publique (art. L. 6, C. just. adm.). Sous l'influence de la Cour EDH, la publicité tend à devenir la règle.

■ *Simple et économique*

L'introduction d'une requête est en principe soumise au paiement d'un droit de timbre de 35 euros.

Les dépens – frais d'expertise, d'enquête, de visite sur les lieux, vérifications administratives, signification d'ordonnances de soit-communiqué – sont mis à la charge de la partie perdante, sauf si les circonstances particulières de l'affaire justifient qu'ils soient mis à la charge d'une autre partie ou partagés entre les parties (art. R. 761-1, C. just. adm.).

Les frais d'avocat sont à la charge de la partie qui le prend. Le juge peut cependant condamner l'autre partie à lui verser le montant qu'il détermine.

L'aide juridictionnelle peut être obtenue.

Le juge peut infliger au plaideur importun une amende pour recours abusif, dont le montant peut atteindre 3 000 € (art. R. 741-12, C. just. adm.).

La délivrance de copie des jugements donne lieu à une perception forfaitaire.

2 Les différentes branches du contentieux administratif

Classification quadripartite selon les pouvoirs du juge

Laferrière (*Traité de la juridiction administrative et des recours contentieux*, 1887-1888) distingue quatre catégories de contentieux :

- ***le contentieux de pleine juridiction*** ou plein contentieux regroupe les litiges à propos desquels le juge statue sur les droits des parties, qu'il apprécie en fait et en droit et pour lesquels il jouit des pouvoirs les plus étendus ;
- ***le contentieux de l'annulation ou de la légalité*** : le juge y statue en droit sur la validité d'un acte administratif ou d'une décision d'une juridiction administrative. Il ne peut qu'annuler l'acte. Ce contentieux comprend le recours pour excès de pouvoir, le recours en cassation et le recours en appréciation préjudicielle de validité ;
- ***le contentieux de l'interprétation*** : le juge indique le sens d'un acte ;
- ***le contentieux de la répression*** : le juge peut infliger des sanctions et des peines d'amende.

Classification matérielle

Léon Duguit et Marcel Waline distinguent le contentieux objectif, dans lequel le juge constate qu'un acte ou un jugement est juridiquement irrégulier au regard de la loi ou des textes hiérarchiquement supérieurs (recours pour excès de pouvoir, recours en déclaration d'inexistence, recours en appréciation de légalité, recours en cassation et certains recours de plein contentieux) et le contentieux subjectif, dans lequel le juge constate un droit au profit du requérant. Le juge peut condamner l'administration à verser des indemnités, prononcer la résiliation d'un contrat, infliger des sanctions au cocontractant de l'administration.

Classifications modernes

Jean-Marie Auby et Roland Drago distinguent le contentieux de la légalité, qui regroupe les demandes visant à faire apprécier par le juge un acte juridique ou matériel par rapport à une règle de droit (excès de pouvoir essentiellement), et le contentieux des droits, qui regroupe les demandes tendant à ce que le juge statue sur des droits subjectifs (contentieux contractuel et contentieux de la responsabilité extra-contractuelle essentiellement).

René Chapus distingue le contentieux des recours (recours formés contre une décision afin d'en obtenir l'annulation et le prononcé de condamnations liées à cette annulation, recours en déclaration, interprétation ou appréciation de la légalité) et le contentieux des poursuites (recours visant à obtenir la condamnation d'une personne).

Les juridictions administratives

Chapitre 3

Le Conseil d'État institué en l'an VIII ne jouit d'aucune indépendance. Il propose des projets d'arrêts au chef de l'État, qui rend la justice (système de la justice retenue). La loi du 24 mai 1872 institue la justice déléguée et affirme l'indépendance juridictionnelle du Conseil d'État.

C'est l'arrêt *Cadot* (*CE, 13 déc. 1889*) qui signe la naissance de la juridiction administrative en abandonnant toute référence à la doctrine du ministre-juge. L'encombrement du Conseil d'État a conduit en 1953 au remplacement des conseils de préfecture par des tribunaux administratifs, juges de droit commun du contentieux administratif en premier ressort et à la création des cours administratives d'appel en 1987. Un grand nombre de juridictions administratives spécialisées ont une compétence limitée à des litiges particuliers.

1 Le Conseil d'État

Le Conseil d'État est un mélange de puissante tradition et d'innovation permanente. Juridiction suprême de l'ordre administratif, il a conservé certains traits du passé. Ainsi participe-t-il à l'administration active par ses attributions consultatives.

Organisation

La présidence du Conseil d'État appartient de droit au Premier ministre, suppléé par le garde des Sceaux. En fait, le Conseil d'État est présidé par son vice-président, nommé par décret en Conseil des ministres parmi les membres du corps. Les ministres ont rang et séance à l'assemblée du Conseil d'État.

Le Conseil d'État se compose du vice-président, des sept présidents de section, de conseillers d'État en service ordinaire et en service extraordinaire, de maîtres des requêtes en service ordinaire et en service extraordinaire et d'auditeurs. On accède, en principe, au Conseil d'État par la voie du concours de l'ENA, en tant qu'auditeur.

Le Conseil d'État est divisé en sept sections, six administratives (de l'intérieur, des finances, des travaux publics, sociale, du rapport et des études et section administrative) et la Section du contentieux, subdivisée en dix sous-sections, qui juge de toutes les affaires relevant de la juridiction contentieuse du Conseil.

■ Formations de jugement du Conseil d'État

La ***Section du contentieux*** comprend, sous l'autorité d'un président assisté de trois présidents adjoints, des conseillers d'État, des maîtres des requêtes et des auditeurs. Elle est essentiellement chargée de l'instruction et du jugement des requêtes contentieuses. À sa tête se trouve le président de la Section du contentieux, qui dispose d'attributions propres qui en font le juge suprême de la compétence des juridictions administratives.

L'organe actif de travail est la sous-section. Chacune des dix sous-sections comprend un président, deux assesseurs, des rapporteurs et deux rapporteurs publics. Elles dirigent l'instruction et préparent le rapport des affaires.

Au contentieux, le Conseil d'État comprend plusieurs formations, plus ou moins solennelles :

- ***les formations habituelles de jugement sont les sous-sections*** jugeant seules e***t les sous-sections réunies***.

  Les sous-sections en formation de jugement ne peuvent délibérer que si trois membres au moins ayant voix délibérative sont présents. Elles jugent les affaires les moins importantes et les plus simples. Les sous-sections réunies jugent, sous la présidence de l'un des présidents adjoints de la Section du contentieux, les affaires les plus courantes. La sous-section qui a réalisé l'instruction se présente avec son président, ses conseillers assesseurs, le rapporteur public qui a préparé le rôle et les rapporteurs dont les affaires sont inscrites au rôle. L'autre sous-section est représentée par son président et ses conseillers assesseurs.

  Les sous-sections réunies au nombre de 2 ou de 4 sont complétées par un conseiller d'État appartenant à la Section du contentieux pris en dehors des sous-sections qui siègent (5 membres ayant voix délibérative, 7 si les sous-sections sont au nombre de 3 ou de 4) ;
- les ***formations solennelles de jugement sont la section et l'assemblée du contentieux***.

  La Section du contentieux est exceptionnellement un organe d'instruction et fréquemment un organe de jugement des affaires dont la solution pose une question juridique délicate ou nouvelle. Présidée par le président de la Section du contentieux, la section se compose, en outre, de ses trois présidents adjoints, des présidents de sous-section et du rapporteur (15 membres ayant voix délibérative). S'y adjoint le rapporteur public. Elle ne peut statuer qu'en nombre impair.

L'assemblée du contentieux, instance la plus élevée, tranche les affaires dont l'importance juridique ou politique paraît la plus grande. Elle comprend, sous la présidence du vice-président du Conseil d'État, les présidents de section, les trois présidents adjoints de la section du contentieux, le président de la sous-section sur le rapport de laquelle l'affaire est jugée, ou celui de la sous-section à laquelle l'affaire a été initialement attribuée, les quatre présidents des sous-sections les plus anciens dans leurs fonctions en dehors du précédent et le rapporteur (17 membres ayant voix délibérative). Le quorum est de 9 membres. Elle ne peut statuer qu'en nombre impair ;

– *les juges uniques*. Le président de la Section du contentieux, les présidents adjoints de cette section et les présidents de sous-section peuvent régler par ordonnance les affaires dont la nature ne justifie pas l'intervention d'une formation collégiale (art. L. 122-1, C. just. adm.). Ils peuvent, par ordonnance :
  - donner acte des désistements,
  - rejeter les requêtes ne relevant manifestement pas de la compétence de la juridiction administrative,
  - constater qu'il n'y a pas lieu de statuer sur une requête,
  - rejeter les requêtes manifestement irrecevables, lorsque la juridiction n'est pas tenue d'inviter leur auteur à les régulariser ou qu'elles n'ont pas été régularisées à l'expiration du délai imparti par une demande en ce sens,
  - statuer sur les requêtes qui ne présentent plus à juger des questions autres que la condamnation prévue à l'article L. 761-1 (amende pour recours abusif) ou à la charge des dépens,
  - statuer sur les requêtes relevant d'une série qui, sans appeler de nouvelle appréciation ou qualification de faits, présentent à juger en droit des questions identiques à celles tranchées ensemble par une même décision du Conseil d'État statuant au contentieux ou examinées ensemble par un même avis rendu par le Conseil d'État en application de l'article L. 113-1,
  - rejeter, après l'expiration du délai de recours ou, lorsqu'un mémoire complémentaire a été annoncé, après la production de ce mémoire, les requêtes ne comportant que des moyens de légalité externe manifestement infondés, des moyens irrecevables, des moyens inopérants, ou des moyens qui ne sont assortis que de faits manifestement insusceptibles de venir à leur soutien ou ne sont manifestement pas assortis des précisions permettant d'en apprécier le bien-fondé,

  Ils peuvent, en outre, rejeter des conclusions à fin de sursis à exécution d'une décision juridictionnelle (art. R. 122-12, C. just. adm.).

Rapporteur public

Il expose publiquement et en toute indépendance son opinion sur les questions que présentent à juger les requêtes et sur les solutions qu'elles appellent (art. L. 7, C. just. adm.). Il prononce ses conclusions après clôture de l'instruction à laquelle il a été procédé contradictoirement (*CE, sect., 21 juin 2013, Communauté d'agglomération du pays de Martigues*). Le sens de ses conclusions doit être communiqué aux parties qui en font la demande avant l'audience.

Il assiste au délibéré, sauf demande contraire d'une partie qui peut être présentée à tout moment de la procédure avant le délibéré, mais doit l'être par écrit. Il n'y prend pas part (art. R. 733-3).

2 Les tribunaux administratifs

Les 31 tribunaux administratifs de métropole et 11 tribunaux administratifs d'outre-mer portent en principe le nom de la ville dans laquelle ils siègent. Outre leur compétence juridictionnelle, ils exercent des activités non juridictionnelles (avis, conciliation, attributions administratives). Leurs jugements sont en principe passibles d'un appel devant les cours administratives d'appel.

Organisation

Les tribunaux administratifs sont divisés en chambres de trois juges, qui constituent la formation courante de jugement. Chaque tribunal comprend de une à dix chambres, sauf celui de Paris, qui en comprend dix-huit, regroupées en sections. Chacun d'eux a son président qui assure la direction des services et le maintien de la discipline intérieure.

Le ressort des tribunaux métropolitains recouvre plusieurs départements, sauf celui de Paris, limité à cette ville (et département), et ceux de Melun (qui comprend l'intégralité de l'emprise de l'aérodrome de Paris-Orly) et de Montreuil (qui comprend l'intégralité de l'emprise de l'aéroport de Paris-Charles-de-Gaulle) et celui de Nancy, qui connaît, à compter du 1er mars 2012, des recours des requérants placés au centre de rétention de Metz.

Membres

Chaque tribunal est composé de ***conseillers***, dont certains sont présidents d'une formation de jugement, certains rapporteurs et d'autres rapporteurs publics. Les conseillers des tribunaux administratifs et des cours administratives d'appel, principalement issus de l'ENA, constituent un corps distinct de celui des membres du Conseil d'État. Leur indépendance est consacrée (art. L. 231-3, C. just. adm.). Ils sont inamovibles.

Le président fixe les règles relatives au fonctionnement du tribunal. Il préside une formation de jugement et intervient à ce titre à tous les stades de l'instruction. Il intervient aussi dans les procédures relatives aux questions de connexité et de règlement des questions de compétence. Il désigne le rapporteur de chaque affaire. Il assure le respect du caractère contradictoire de la procédure, signe les mises en demeure, décide si une affaire doit être jugée sans instruction, commet un conseiller pour procéder à certaines mesures d'instruction, prononce la clôture de l'instruction, arrête les rôles, fixe le montant des frais d'enquête et des honoraires des experts. Il assure la police de l'audience. Il peut liquider les dépens. Il signe la minute du jugement. Il peut, dès l'enregistrement d'une requête, fixer la date de clôture de l'instruction et la date et l'heure de l'audience au cours de laquelle l'affaire sera appelée.

Le rapporteur public. Dans chaque tribunal, sont nommés, par arrêté du vice-président du Conseil d'État pris sur proposition du président de la juridiction et après avis conforme du Conseil supérieur des tribunaux administratifs et des cours administratives d'appel, un ou plusieurs rapporteurs publics, choisis parmi les conseillers. Comme au Conseil d'État, il expose publiquement et en toute indépendance son opinion sur les questions que présentent à juger les requêtes et sur les solutions qu'elles appellent (art. L. 7, C. just. adm.). Le sens des conclusions doit être communiqué aux parties qui en font la demande avant l'audience. Aux tribunaux et aux cours, sa présence au délibéré est exclue (art. R. 732-2, C. just. adm.).

Le rapporteur public peut être dispensé, sur sa proposition, par le président de la formation de jugement, d'exposer à l'audience ses conclusions sur une requête, eu égard à la nature des questions à juger, dans les contentieux du permis de conduire ; du refus de concours de la force publique pour exécuter une décision de justice ; de la naturalisation ; de l'entrée, du séjour et de l'éloignement des étrangers, à l'exception des expulsions ; de la taxe d'habitation et de la taxe foncière sur les propriétés bâties afférentes aux locaux d'habitation et à usage professionnel au sens de l'article 1496 du Code général des impôts ainsi que de la contribution à l'audiovisuel public ; de l'aide personnalisée au logement et de la carte de stationnement pour personne handicapée (art. L. 732-1, C. just. adm.).

■ *Formations de jugement*

La formation normale est la chambre, qui comprend trois membres, dont son président, qui est le président ou un des vice-présidents du tribunal. À titre exceptionnel, le tribunal peut se réunir en formation plénière, qui doit siéger en nombre impair.

Compétence

a) Compétence matérielle

Les tribunaux administratifs sont, en premier ressort, juges de droit commun du contentieux administratif, sous réserve des compétences que l'objet du litige ou l'intérêt d'une bonne administration de la justice conduisent à attribuer à une autre juridiction (art. L. 311-1, C. just. adm.). Cette compétence recouvre la plupart des recours pour excès de pouvoir, les recours de pleine juridiction, les recours en interprétation et en appréciation de la légalité et certains contentieux répressifs.

b) Compétence territoriale

Est en principe compétent le tribunal dans le ressort duquel a légalement son siège l'autorité qui, soit en vertu de son pouvoir propre, soit par délégation, a pris la décision attaquée ou signé le contrat litigieux (art. R. 312-1, C. just. adm.). En cas de recours préalable à la saisine du juge, la décision à retenir pour déterminer la compétence territoriale est celle qui a fait l'objet du recours administratif ou du pourvoi devant une juridiction incompétente. Pour éviter la surcharge du Tribunal de Paris, de nombreuses dérogations sont prévues au principe. En pratique, le tribunal compétent est soit celui du lieu où se trouve le requérant (mesures de police, litiges concernant des agents publics, ou relatifs à la reconnaissance d'une qualité), soit celui du lieu d'exercice de l'activité litigieuse (litiges relatifs à l'exercice d'une profession, à une élection ou à un contrat), soit celui du lieu de situation des biens en cause (dommages de travaux publics, permis de construire ou de démolir, litiges relatifs aux monuments, sites ou déclarations d'utilité publique).

Président juge unique

Outre les compétences qu'il exerce par ordonnance (art. R. 222-1, C. just. adm.), le président du tribunal statue sur les litiges énumérés à l'article R. 222-13. Il peut régler le contentieux des décisions relatives au séjour des étrangers assorties d'une obligation de quitter le territoire français. Il est juge des référés (art. L. 511-2, C. just. adm.), intervient dans le règlement des questions de connexité et des conflits de compétence à l'intérieur de la juridiction administrative et statue en vertu des articles R. 222-13 et R. 778-1 (contentieux du droit au logement) dans un grand nombre de litiges dont l'enjeu est souvent de faible importance. Il peut toujours renvoyer l'affaire à une formation collégiale.

3 Les cours administratives d'appel

Les cours ont été créées par la loi du 31 décembre 1987 afin de désengorger le Conseil d'État.

Organisation

Les huit cours comprennent de trois à neuf chambres. Chaque cour est présidée par un conseiller d'État en service ordinaire. La formation de jugement normale est la chambre qui comprend trois juges : son président, un conseiller qui y est affecté et le magistrat rapporteur. La cour peut également siéger en formation de chambres réunies, présidée par le président de la cour, et en formation plénière, présidée par le président de la cour, qui comprend en outre les présidents de chambre, le magistrat rapporteur et s'il y a lieu un magistrat départiteur ayant le grade de président. Les présidents des cours peuvent siéger comme juge unique dans un certain nombre d'affaires (art. R. 222-1, C. just. adm.).

Les mêmes règles s'appliquent au rapporteur public devant le tribunal administratif et devant la cour administrative d'appel.

Compétence

Les cours connaissent en appel des jugements rendus en premier ressort par les tribunaux administratifs, sous réserve des compétences que l'intérêt d'une bonne administration de la justice conduit à attribuer au Conseil d'État et de ceux définis aux articles L. 552-1 et L. 552-2 (art. L. 321-1, C. just. adm.).

Elles peuvent donner des avis aux préfets de région.

Dans les tribunaux administratifs et les cours administratives d'appel, les chefs de juridiction peuvent, si les parties en sont d'accord, organiser une mission de conciliation et désigner à cet effet la ou les personnes qui en seront chargées (art. L. 211-4, C. just. adm.).

4 Les juridictions administratives spéciales

Il existe une cinquantaine de juridictions administratives spéciales, dont la compétence est limitée à des litiges déterminés. Leur institution est motivée par le souci de réserver l'examen de certaines affaires à des spécialistes, de confier l'exercice du pouvoir disciplinaire sur les membres de certaines professions à des membres de celles-ci ou d'éviter la surcharge des juridictions de droit commun. On citera les juridictions financières (Cour des comptes, Chambres régionales des comptes...), les sections disciplinaires des conseils des Ordres professionnels, les juridictions sociales, la Cour nationale du droit d'asile, les juridictions universitaires, les juridictions des pensions…

Toutes ces juridictions sont soumises, en dernier ressort du moins, au contrôle de cassation du Conseil d'État et, partant, aux principes généraux de procédure : motivation des décisions, respect du contradictoire, impartialité, respect des droits de la défense…

Cheminements possibles d'un recours devant les juridictions administratives de droit commun

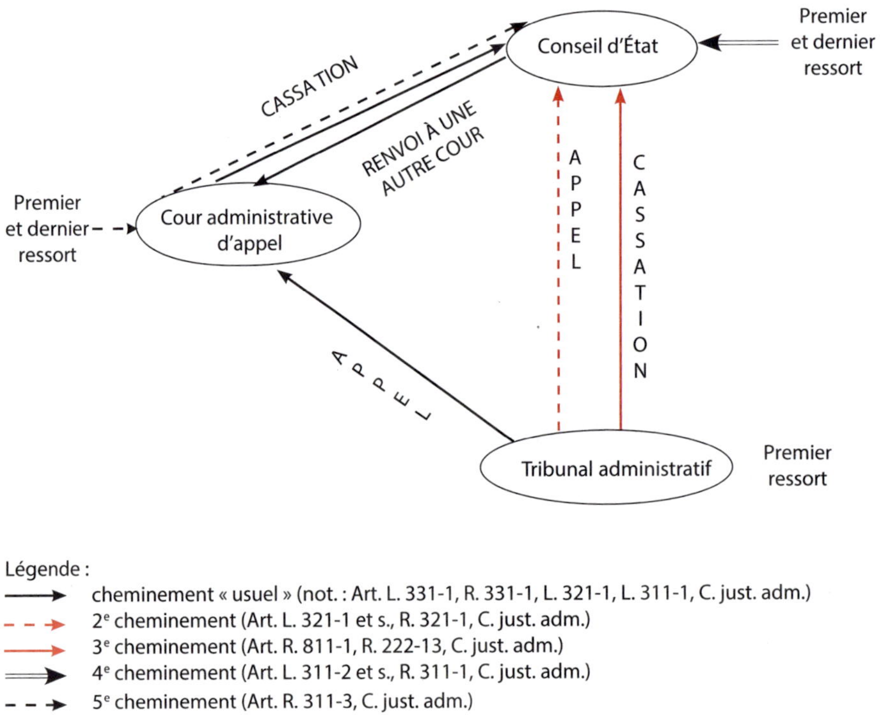

La répartition interne des compétences

Chapitre 4

Les parties en litige ne sauraient déroger à la compétence des juridictions telles que les textes la posent. La répartition des compétences est d'ordre public. La compétence matérielle ne peut être étendue ou restreinte par convention. La compétence territoriale ne peut faire l'objet de dérogation, même par voie d'élection de domicile ou d'accord entre les parties, sauf en matière de marchés, contrats ou concessions (art. R. 312-11, C. just. adm.).

1 La ventilation interne des compétences

Le Conseil d'État statue souverainement sur les recours en cassation et sur ceux dont il est saisi en qualité de juge de premier ressort ou de juge d'appel. La compétence d'appel se répartit entre le Conseil d'État et les cours administratives d'appel.

■ Compétence de premier ressort

Cette compétence est partagée entre les trois niveaux de juridictions administratives.

a) Compétence matérielle

Le tribunal administratif est juge premier du contentieux administratif. Le tribunal administratif territorialement compétent pour connaître d'une demande principale connaît également des exceptions relevant de la compétence d'une juridiction administrative (art. R. 312, 3, C. just. adm.). Les recours en interprétation et en appréciation de la légalité relèvent de la compétence du tribunal administratif territorialement compétent pour connaître de l'acte litigieux (art. R. 312-4, C. just. adm.).

Le Conseil d'État connaît directement de certains litiges, en raison de l'importance de l'auteur de l'acte attaqué ou de l'absence d'autre juridiction pour en connaître. Il en est ainsi :

- de ***certains actes des assemblées délibérantes des collectivités d'outre-mer*** intervenant au titre des compétences qu'elles exercent dans le domaine de la loi (art. 74, Const.) ;
- des ***oppositions aux changements de nom*** (art. L. 311-2, C. just. adm.) ;
- des ***protestations contre l'élection des représentants*** au Parlement européen, aux conseils régionaux, à l'assemblée de Corse, au congrès et aux assemblées de province de la Nouvelle-Calédonie, aux assemblées de la Polynésie française et de Wallis-et-Futuna, aux conseils territoriaux de Saint-Martin, de Saint Barthélemy et de Saint-Pierre-et-Miquelon, à l'Assemblée des Français de l'étranger et contre les consultations organisées en application des articles 72-4 et 73 de la Constitution ;
- des ***recours contre les désignations au Conseil économique, social et environnemental*** (ord. 29 déc. 1958, art. 10) ;
- des ***recours de plein contentieux contre les sanctions prises par certaines autorités nationales*** : Autorité de contrôle prudentiel, ministre du logement, AMF, Autorité de régulation des communications électroniques et des postes, CSA, COB, Autorité de régulation des activités ferroviaires, Commission de régulation de l'énergie, décisions prises en matière de lutte contre le dopage (art. L. 311-4, C. just. adm.) ;
- des ***décisions rendues par les tribunaux administratifs*** se prononçant sur des demandes d'autorisation de plaider pour le compte d'une commune ou d'un EPCI (art. L. 311-5, C. just. adm.) ;
- des ***recours en annulation et des demandes de suspension*** introduites par les préfets contre des décisions d'autorités décentralisées de nature à compromettre le fonctionnement ou l'intégrité d'une installation ou d'un ouvrage intéressant la défense nationale (art. L. 1111-7, CGCT) ;
- des ***recours contre le règlement intérieur de la Polynésie française***, les lois du pays et les délibérations décidant l'organisation d'un référendum local (art. L. 311-7, C. just. adm.) ;
- des ***délibérations des conseils généraux des DOM et des conseils régionaux des ROM*** prises sur le fondement de l'article 73 de la Constitution (art. L. 311-8, C. just. adm.) ;
- des ***délibérations des conseils généraux et territoriaux des collectivités d'outre-mer*** (art. L. 311-10 à L. 311-12, C. just. adm.).

Il en est également ainsi :

- des recours contre les ***ordonnances du président de la République et les décrets*** (art. R. 311-1, 1°, C. just. adm.) ;

– des recours contre les ***actes réglementaires des ministres et des autres autorités à compétence nationale et contre leurs circulaires et instructions de portée générale*** (art. R. 311-1, 2°, C. just. adm.) ;
– des ***litiges concernant le recrutement et la discipline des agents publics*** nommés par décret du président de la République en vertu des dispositions de l'article 13 (3° al.) de la Constitution et des articles 1er et 2 de l'ordonnance du 28 novembre 1958 (art. R. 311-1, 3°, C. just. adm.) ;
– des ***recours contre les décisions prises par les organes*** de l'Agence française de contre le dopage, l'Autorité de contrôle prudentiel et de résolution, l'Autorité de la concurrence, l'Autorité des marchés financiers, l'Autorité de régulation des communications électroniques et des postes, l'Autorité de régulation des jeux en ligne, l'Autorité de régulation des transports ferroviaires, l'Autorité de sûreté nucléaire, la Commission de régulation de l'énergie, le Conseil supérieur de l'audiovisuel sous réserve des dispositions de l'article R. 311-2, la Commission nationale de l'informatique et des libertés, la Commission nationale de contrôle des interceptions de sécurité, au titre de leur mission de contrôle ou de régulation (art. R. 311-1, 4°, C. just. adm.) ;
– des ***actions en responsabilité dirigées contre l'État pour durée excessive de la procédure devant la juridiction administrative*** (art. R. 311-1, 5°, C. just. adm.) ;
– des ***recours en interprétation et des recours en appréciation de légalité des actes dont le contentieux relève en premier et dernier ressort du Conseil d'État*** (art. R. 311-1, 6°, C. just. adm.) ;
– des ***recours dirigés contre les décisions ministérielles prises en matière de contrôle des concentrations économiques*** (art. R. 311-1, 7°, C. just. adm.).

Le Conseil d'État connaît encore :
– des ***contestations sur la validité des opérations électorales*** tendant à la désignation des représentants des magistrats au Conseil supérieur des tribunaux administratifs et des cours administratives d'appel (art. R. 232-16, C. just. adm.) ;
– des ***protestations contre les élections aux conseils nationaux et régionaux de l'Ordre des architectes***, du recours contre le refus du président de l'Ordre des avocats au Conseil d'État et à la Cour de cassation de désigner un avocat aux Conseils à la demande d'un requérant qui ne parvient pas à obtenir l'assistance de l'un d'eux, des recours dans l'intérêt de la loi ;
– des ***requêtes en référé*** présentées sur le fondement de l'article L. 521-2 lorsque le litige principal auquel elles sont susceptibles de se rattacher relève de la compétence du Conseil d'État.

Il répond aux demandes d'avis des tribunaux administratifs et des cours administratives d'appel sur une question de droit nouvelle, présentant une difficulté sérieuse se posant dans de nombreux litiges (art. L. 113-1, C. just. adm.).

Il renvoie au Conseil constitutionnel les questions prioritaires de constitutionnalité que lui transmettent les juridictions administratives, lorsqu'est présenté devant elles un moyen tiré de ce qu'une disposition législative porte atteinte aux droits et libertés garantis par la Constitution et que sont remplies les conditions posées par l'article 23-2 de l'ordonnance du 7 novembre 1958 (art. LO 771-1 et LO 771-2, C. just. adm.).

Il devrait connaître des décisions prises par le Défenseur des droits relativement à la gestion de son personnel.

Les cours administratives d'appel connaissent en premier et dernier ressort des litiges relatifs aux décisions prises par la Commission d'aménagement commercial en application de l'article L. 752-17 du Code de commerce (art. R. 311-3, al. 1er, C. just. adm.).

La Cour administrative d'appel de Paris connaît en premier et dernier ressort des recours dirigés contre les arrêtés du ministre du Travail relatifs à la représentativité des organisations syndicales, pris en application de l'article L. 2122-11 du Code du travail et des litiges relatifs aux décisions prises par le Conseil supérieur de l'audiovisuel en application des articles L. 28-1, L. 28-3 et L. 29 à L. 30-7 de la loi du 30 septembre 1986 relative à la liberté de communication, à l'exception de celles concernant les services de télévision à vocation nationale.

b) Compétence territoriale

Est en principe compétent le tribunal administratif où l'auteur de l'acte attaqué a son siège (art. R. 312-1, C. just. adm.). Cette compétence territoriale ne peut faire l'objet de dérogation, même par voie d'élection de domicile ou d'accord entre les parties, sauf en matière de marchés, contrats ou concessions (art. R. 312-2, al. 1er, C. just. adm.).

Le tribunal administratif territorialement compétent pour connaître d'une demande principale connaît également de toute demande accessoire, incidente ou reconventionnelle ressortissant à la compétence des tribunaux administratifs.

Le Code prévoit de nombreuses exceptions :

- ***litiges relatifs aux législations régissant les activités professionnelles*** : tribunal du lieu d'application de la décision et, plus généralement, du lieu d'exercice de la profession (art. R. 312-10, C. just. adm.) ;

- *litiges concernant la responsabilité extra-contractuelle de la puissance publique* : tribunal administratif du lieu du fait dommageable ou du domicile du requérant (art. R. 312-14, C. just. adm.) ;
- *actions engagées contre le rejet par l'ONIAM d'une demande d'indemnisation ou contre une offre d'indemnisation jugée insuffisante* : tribunal du lieu de résidence du demandeur (art. R. 312-14-1, C. just. adm.) ;
- *litiges relatifs à l'organisation ou au fonctionnement de toute collectivité publique* autre que l'État et de tout organisme public ou privé : tribunal dans le ressort duquel a son siège la collectivité ou l'organisme objet des décisions attaquées (art. R. 312-15, C. just. adm.) ;
- *litiges relatifs à la reconnaissance d'une qualité* (déporté, résistant, combattant, évadé, apatride, rapatrié...) et aux avantages liés à cette qualité, aux diverses décorations et en matière d'emplois réservés : tribunal du lieu de résidence du requérant (art. R. 312-6, C. just. adm.) ;
- *litiges relatifs aux marchés, contrats, quasi-contrats ou concessions* ; tribunal dans le ressort duquel ceux-ci sont exécutés (art. R. 312-11, C. just. adm.). Si leur exécution s'étend au-delà du ressort d'un seul tribunal ou si le lieu d'exécution n'est pas désigné dans le contrat : tribunal dans le ressort duquel a son siège l'autorité qui a signé le contrat ;
- *litiges d'ordre individuel intéressant les fonctionnaires ou agents de l'État, justiciables* d'un tribunal administratif et des autres personnes ou collectivités publiques, ainsi que les agents ou employés de la Banque de France : tribunal du lieu d'affectation de l'intéressé (art. R. 312-12, C. just. adm.) ;
- *litiges relatifs aux pensions, pour les fonctionnaires territoriaux* : tribunal où a son siège la collectivité publique dont relevait le requérant lors de sa mise à la retraite. Pour les autres agents : tribunal du lieu d'assignation du paiement de la pension ou, à défaut, de la résidence du demandeur lors de l'introduction de sa réclamation (art. R. 312-13, C. just. adm.) ;
- *litiges relatifs aux déclarations d'utilité publique*, au domaine public, aux affectations d'immeubles, au remembrement, à l'urbanisme et à l'habitation, aux permis de construire, d'aménager ou de démolir, au classement des monuments et des sites et, de manière générale, aux décisions concernant des immeubles ainsi qu'en matière de réquisitions : tribunal du lieu où se trouvait le bien au moment du litige (art. R. 312-7, C. just. adm.) ;
- *litiges relatifs aux décisions individuelles* prises à l'encontre de personnes par les autorités administratives dans l'exercice de leurs pouvoirs de police : tribunal du lieu de résidence de l'intéressé à la date de la décision, sauf en matière de police des étrangers (art. R. 312-8, al. 1er, C. just. adm.) ;

- ***contentieux relatif à la désignation, soit par voie d'élection, soit par nomination, des membres des assemblées***, corps ou organismes administratifs ou professionnels : tribunal où l'organisme en cause a son siège (art. R. 312-9, C. just. adm.) ;
- ***litiges relatifs aux décisions mentionnées au III de l'article 4 de la loi n° 2010-2 du 5 janvier 2010 relative à la reconnaissance et à l'indemnisation des victimes des essais nucléaires français*** : tribunal du lieu de résidence du demandeur au moment de l'introduction de la demande (art. R. 312-14-2, C. just. adm.) ;
- ***contestations relatives à l'application de la contribution spéciale*** instituée par les articles L. 8253-1 et L. 8253-7 du Code du travail : tribunal dans le ressort duquel a été constatée l'infraction (art. R. 312-16, C. just. adm.) ;
- ***recours contre les décisions individuelles prises à l'encontre d'une personne physique ou morale par une fédération sportive*** dans l'exercice de ses prérogatives de puissance publique : tribunal dans le ressort duquel le requérant a sa résidence ou son siège social à la date des décisions attaquées (art. R. 312-17, C. just. adm.) ;
- ***litiges relatifs au rejet des demandes de visa d'entrée sur le territoire de la République française relevant des autorités consulaires et recours dirigés contre les décisions du ministre chargé des naturalisations*** prises en application de l'article 45 du décret n° 93-1362 du 30 décembre 1993 : Tribunal administratif de Nantes (art. R. 312-18, C. just. adm.).

Les litiges qui ne relèvent de la compétence d'aucun tribunal administratif par application des dispositions des articles R. 312-1 et R. 312-6 à R. 312-18 sont attribués au Tribunal administratif de Paris.

Le Tribunal administratif de Nancy est compétent pour connaître des recours des requérants placés au centre de rétention de Metz (art. R. 776-16, C. just. adm.).

Un litige doit d'abord faire l'objet d'une tentative de rattachement au tribunal déterminé en fonction d'une des dérogations puis, à défaut, à celui indiqué par l'article R. 312-1.

■ *Compétence en appel*

a) Compétence matérielle

Les cours administratives d'appel sont juges d'appel de droit commun des jugements des tribunaux administratifs. Cependant, le Conseil d'État connaît en appel des jugements sur les recours sur renvoi de l'autorité judiciaire, des jugements rendus sur des contestations contre les élections municipales et cantonales (art. L. 321-1, C. just. adm.) et des demandes de référé liberté. Le président de la Section du contentieux connaît en appel des déférés préfectoraux formés contre des actes de nature à compromettre l'exercice d'une liberté publique ou individuelle (art. L. 2131-6, al. 5, CGCT).

b) Compétence territoriale

La compétence territoriale des cours administratives d'appel est d'ordre public (art. R. 322-2, C. just. adm.) et ne souffre pas de dérogation. La cour territorialement compétente pour connaître d'un appel est celle dans le ressort de laquelle le tribunal auteur du jugement entrepris a son siège (art. R. 321-1, C. just. adm.).

■ *Compétence en cassation*

Le Conseil d'État est compétent pour statuer sur les recours en cassation dirigés contre les décisions rendues en dernier ressort par toutes les juridictions administratives (art. L. 331-1, C. just. adm.) : arrêts des cours administratives d'appel, jugements rendus en dernier ressort par les tribunaux administratifs (art. R. 811-1, C. just. adm.), jugements du juge des référés (art. L. 521-1, C. just. adm.) et décisions des juridictions administratives spécialisées.

2 Le règlement des questions de compétence interne

Des recoupements ou des chevauchements entre affaires relevant de différentes juridictions sont possibles. Des mécanismes régulateurs parent à ces difficultés.

■ *Connexité*

Toute conclusion soumise à la juridiction administrative doit en principe être jugée par le seul juge habilité à en connaître. Mais, lorsque deux juridictions sont appelées à juger deux affaires distinctes mais connexes, une seule est déclarée compétente pour juger de l'ensemble des conclusions ou demandes, pour éviter les risques de contrariétés de décisions. Il y a connexité entre deux litiges lorsque la solution de l'un d'eux dépend directement et nécessairement de la solution donnée à l'autre, ou lorsque les demandes se rapportent à une même opération juridique. Le président de la Section du contentieux du Conseil d'État résout ces cas, sur renvoi des conclusions par le président de la juridiction saisie de conclusions distinctes mais connexes relevant les unes de la compétence de cette juridiction et les autres d'une autre juridiction, ou sur renvoi qu'il ordonne lui-même.

■ *Prévention et règlement des questions de compétence*

Lorsqu'une requête relève de la compétence d'une autre juridiction administrative que la sienne, une juridiction saisie à tort ne peut la rejeter. Lorsque tout ou partie des conclusions dont est saisi un tribunal administratif, une cour administrative d'appel ou le Conseil d'État relève de la compétence d'une autre juridiction administrative, la juridiction saisie est néanmoins compétente pour rejeter les conclusions entachées d'une irrecevabilité manifeste insusceptible d'être couverte en cours d'instance, ou constater qu'il n'y a pas lieu de statuer sur tout ou partie des conclusions (art. R. 351-4, C. just. adm.).

Lorsque des considérations de bonne administration de la justice l'imposent, le président de la Section du contentieux du Conseil d'État, de sa propre initiative ou sur demande d'un président de tribunal administratif ou de cour administrative d'appel, attribue par ordonnance motivée insusceptible de recours, le jugement d'une ou de plusieurs affaires à la juridiction qu'il désigne (art. R. 351-8, C. just. adm.).

Conditions tenant à l'introduction de la requête

CHAPITRE
5

Le droit d'agir en justice est reconnu constitutionnellement (Cons. const., 2 déc. 1980). Pour agir en justice, le requérant doit avoir la capacité juridique, posséder un intérêt à former une action en justice et avoir qualité pour agir.

1 La capacité à agir

La capacité à agir des personnes physiques s'apprécie selon les règles du droit civil. Les groupements de personnes et les institutions doivent avoir la personnalité morale pour agir en justice.

■ *Personnes physiques*

La capacité à agir s'acquiert avec l'âge de la majorité ou du fait de l'émancipation. Les recours sont ouverts aux étrangers comme aux nationaux. Le mineur est représenté par la, ou l'une des personnes exerçant l'autorité parentale. Le majeur incapable, placé sous tutelle, ne peut agir que par l'intermédiaire de son tuteur. Mais une personne placée en hôpital psychiatrique conserve sa capacité à agir (*CE, 23 juin 1976, Dame Duffau*) ; si ce droit lui a été retiré, elle peut former un recours pour excès de pouvoir contre la décision d'internement (*CE, 10 juin 1959, Dame Poujol*). Les héritiers peuvent succéder aux actions engagées par leur auteur décédé en cours d'instance, dès lors qu'elles présentent pour eux un intérêt.

■ *Personnes morales*

Les personnes morales sont dotées d'une personnalité juridique qui leur confère capacité d'agir en justice. Cependant, elles ne peuvent agir que dans le domaine que la loi ou leurs statuts leur attribuent. Les associations déclarées sont recevables en tous domaines. Les associations non déclarées ne peuvent défendre en justice des intérêts patrimoniaux, mais sont recevables à contester par la voie du recours pour excès de pouvoir les décisions portant atteinte aux intérêts qu'elles ont pour but de défendre (*CE, ass., 31 oct. 1969, Syndicat de défense des canaux de la Durance*). Une association dissoute peut former un recours contre l'acte de dissolution (*CE, sect., 22 avr. 1955, Association Rousky-Dom*).

2 La représentation des plaideurs

En principe, le requérant a l'obligation de recourir à un avocat. L'État en est dispensé.

■ *Représentation des personnes physiques*

Les personnes physiques se représentent elles-mêmes en cas de dispense du ministère d'avocat. Elles peuvent aussi se faire représenter par un mandataire.

Les parties peuvent être représentées devant les tribunaux administratifs et les cours administratives d'appel par un avocat ou un avocat au Conseil d'État et à la Cour de cassation. Les avocats aux Conseils ont le monopole de représentation et de plaidoirie devant le Conseil d'État. Le justiciable peut remettre en cause le mandat qu'il a donné de le représenter. Les cas de dispense du ministère d'avocat sont nombreux :

- ***devant les tribunaux administratifs*** : litiges en matière de travaux publics, de contrats relatifs au domaine public, de contraventions de grande voirie, de contributions directes, taxe sur le chiffre d'affaires et taxes assimilées, litiges d'ordre individuel concernant les fonctionnaires ou agents de l'État et des autres collectivités publiques, en matière de pensions, aide sociale, aide personnalisée au logement, d'emplois réservés et d'indemnisation des rapatriés, litiges dans lesquels le défendeur est une collectivité territoriale ou un établissement public en relevant, recours pour excès de pouvoir, contentieux électoral et fiscal, référé liberté, constat d'urgence ;
- ***devant les cours administratives d'appel*** : appels des jugements de tribunaux administratifs statuant sur les recours pour excès de pouvoir formés par les fonctionnaires ou agents de l'État ou des autres collectivités publiques contre des actes relatifs à leur situation personnelle, litiges en matière de contraventions de grande voirie, demandes d'exécution d'un arrêt de la cour administrative d'appel ou d'un jugement rendu par un tribunal administratif situé dans le ressort de la cour et frappé d'appel devant elle ;
- ***devant le Conseil d'État*** : recours pour excès de pouvoir formés contre les actes des autorités administratives, recours en appréciation de légalité, litiges en matière électorale, litiges concernant la concession ou le refus de pension, demandes d'astreinte et d'aide à l'exécution d'une décision de juridiction administrative, certains recours pour excès de pouvoir, appels contre les

jugements des tribunaux administratifs statuant en excès de pouvoir, appels des jugements rendus sur recours en appréciation de légalité ou en déclaration d'inexistence, appels des jugements statuant sur les protestations contre les élections municipales et cantonales, recours en cassation contre les décisions de la commission centrale d'aide sociale et des juridictions de pensions.

■ *Représentation des personnes morales*

Les requêtes et mémoires doivent être signés, lorsque le requérant est une personne morale, par une personne justifiant user de sa qualité pour agir.

a) Personnes morales de droit privé

Les sociétés sont représentées par leurs administrateurs, les associations syndicales autorisées par leur président habilité par le bureau syndical, les caisses de sécurité sociale par leur directeur sur délibération de leur conseil d'administration. Le président d'une mutuelle a de plein droit qualité pour agir en son nom. Un syndic de copropriété doit être mandaté par le syndicat des copropriétaires. La validité de l'action des personnes morales étrangères s'apprécie au regard de la législation de l'État dont elles ont la nationalité.

b) Associations et syndicats professionnels

En l'absence, dans les statuts d'une association, de stipulation réservant expressément à un autre organe la capacité de décider de former une action devant le juge administratif, celle-ci est régulièrement engagée par l'organe tenant des statuts le pouvoir de représenter en justice cette association (*CE, sect., 3 avr. 1998, Fédération de la plasturgie*). Dans le silence des statuts, l'action ne peut être régulièrement engagée que par l'assemblée générale (*CE, 16 févr. 2001, Association pour l'égalité aux concours et examens*). Compte tenu de l'urgence, le représentant d'une association peut introduire une action en référé au nom de la personne morale qu'il représente, l'autorisation de l'assemblée étant produite ultérieurement. En toute hypothèse, le juge peut vérifier la qualité d'un organe pour représenter la personne morale (*CE, 19 juin 2013, SCI Ugari*).

c) Personnes morales de droit public

Une ***personne morale*** de droit public peut donner à un avocat mandat de la représenter, ou se représenter par l'intermédiaire d'un de ses agents.

L'***État*** est en principe représenté devant les juridictions administratives par le ministre intéressé, c'est-à-dire celui dans la compétence duquel entre la matière à laquelle se rapporte l'objet du litige. Si le litige, quelle que soit sa nature, est né de l'activité des administrations civiles de l'État dans le département ou la région, l'État est en principe représenté en défense par le préfet de département ou de région (art. R. 431-10, C. just. adm.), et à Paris par le préfet de police pour les actes relevant de sa compétence. Outre-mer, l'État est représenté par le ministre, le haut-commissaire ou le représentant du gouvernement ou son délégué. Le préfet de département agit au nom de l'État dans un grand nombre de litiges (déféré préfectoral, litiges relatifs à l'entrée et au séjour des étrangers, élections municipales et cantonales, contraventions de grande voirie, exercice de ses pouvoirs de police administrative spéciale).

Les ***collectivités territoriales*** sont représentées par leur exécutif, sur autorisation de l'organe délibérant. La commune est représentée par le maire, sur autorisation ou par délégation du conseil municipal, délégation qui peut être générale et donnée pour toute la durée du mandat (*CE, 27 juill. 1988, Époux Gohin*), ou au cas par cas. La commune de Paris est représentée en matière de police municipale par le préfet de police, qui n'a pas à être autorisé à agir en justice par le conseil de Paris. Le département est représenté par le président du conseil général, la région par le président du conseil régional, la collectivité territoriale de Corse par le président du conseil exécutif...

Les ***groupements de communes***, sections de communes, établissements publics de coopération interdépartementale ou interrégionale et syndicats mixtes sont représentés par leur président élu, à ce autorisé par délibération de l'organe délibérant.

Si une ***commune***, un ***département***, une ***région*** ou un ***établissement public de coopération intercommunale*** s'abstient d'exercer une action en justice lui appartenant, tout contribuable de ceux-ci peut, après avoir obtenu du tribunal administratif une ***autorisation de plaider***, agir pour le compte de la collectivité ou du groupement à leurs frais et risques. Pour être autorisée, l'action doit présenter un intérêt suffisant pour la collectivité territoriale et avoir une chance de succès (art. L. 2132-5 et s., L. 3133-1, L. 4143-1 et L. 5211-58, CGCT ; *CE, ass., 26 juin 1992, Mme Lepage-Huglo*).

Les ***établissements publics*** sont représentés par l'organe désigné par leurs statuts, en général le président du conseil d'administration ou le directeur, sur autorisation ou sous le contrôle de l'assemblée délibérante.

3 La qualité et l'intérêt lésé

Si la recevabilité des recours dirigés contre l'administration est largement admise, le Conseil d'État a toujours refusé d'ériger le citoyen en procureur de la légalité et d'admettre l'action populaire. Les notions de qualité et d'intérêt à agir sont plus délicates à apprécier en excès de pouvoir qu'en plein contentieux.

Exigences requises

Pour être recevable à demander l'annulation d'un acte administratif, le requérant doit exciper d'une qualité et justifier d'un intérêt. Le requérant doit justifier d'un intérêt individuel, propre et spécial, ou collectif, propre à toute la catégorie visée par l'acte. L'intérêt donne qualité à agir. Constatant un intérêt lésé, le juge forge ensuite la qualité à agir et indique que le requérant « *a intérêt et, par suite, a qualité pour...* ». Il faut donc que la décision attaquée lèse le requérant matériellement ou moralement, qu'elle ait pour lui des conséquences fâcheuses sur l'un ou l'autre plan.

a) Qualité

Le plaideur doit montrer que l'acte a, ou aura, pour lui des conséquences dommageables, mais aussi qu'elles l'atteignent en tant que membre d'une catégorie donnée. Le Conseil d'État retient parfois une qualité, telle celle de campeur (*CE, 14 févr. 1958, Abisset*) ou d'hôtelier (*CE, 28 mai 1971, Damasio*), pour éviter d'opposer l'irrecevabilité à un requérant ne pouvant justifier d'aucune qualité ou appartenance à une catégorie, mais auquel l'acte entrepris cause un grief lui donnant manifestement un intérêt à en poursuivre l'annulation. Si le juge évite d'élargir exagérément le cercle des requérants potentiels, il arrive que tout intéressé puisse agir contre une mesure à la fois générale et nationale (*CE, sect., 12 févr. 1962, Soc. Eky ; – ass., 31 oct. 1980, Fédération des jeunes avocats*).

b) Intérêt

Le législateur crée parfois l'intérêt à agir, comme dans le cas du déféré préfectoral. Pour l'essentiel, l'intérêt est une construction jurisprudentielle. C'est la mesure de la lésion supportée par le requérant du fait d'un acte administratif. Il a pour fait générateur l'acte illégal. Le requérant a un intérêt à l'action et à son résultat. Sont par conséquent irrecevables les recours dirigés contre un acte qui améliore la situation du requérant, dont l'annulation le priverait d'un avantage ou le laisserait dans la même situation.

L'intérêt s'apprécie au vu du dispositif de l'acte et à la date de l'introduction de la requête.

L'intérêt doit être direct et personnel. Il ne se confond pas avec l'intérêt général qu'a tout administré à ce que l'administration respecte le droit. Le requérant doit être concerné personnellement par la décision qu'il conteste. Le grief doit émaner directement de l'acte incriminé. L'intérêt doit être né et actuel, condition appréciée souplement. N'est exclu que l'intérêt simplement éventuel. L'intérêt peut être matériel ou moral. Il suffit que l'acte influe sur les intérêts matériels ou moraux du requérant et qu'il y ait un lien direct entre l'acte et la qualité dont ce requérant se prévaut pour agir. L'intérêt doit être légitime et conforme aux principes juridiques.

■ *Intérêt privé*

L'intérêt individuel ne peut être invoqué que par l'intéressé lui-même. Cependant, un individu ou un groupement peut défendre un intérêt collectif.

a) Intérêt individuel

Ouvre le recours la qualité de contribuable local (*CE, 29 mars 1901, Casanova*), d'habitant, de propriétaire ou de voisin (*CE, 13 mai 1996, Ville de Limoges*), de membre d'un corps délibérant ou d'une assemblée locale (*CE, 24 juin 1970, Ministre des anciens combattants ; – 29 juill. 1925, Grifeuille*), d'électeur (*CE, 7 août 1903, Bierge*), d'usager du service public (*CE, 21 déc. 1906, Syndicat des propriétaires et contribuables du quartier Croix de Séguey Tivoli*), de fonctionnaire (*CE, 11 déc. 1903, Lot*). Le juge admet la qualité de partie civile, salarié, parent, campeur, assuré social, chroniqueur judiciaire, affilié à une caisse d'assurance vieillesse, candidat à un appel d'offres... En revanche, la qualité de parlementaire ne donne pas intérêt à agir contre le refus de prendre un décret d'application d'une loi (*CE, 23 nov. 2011, Masson*).

b) Intérêt collectif ou recours des personnes morales

Les groupements peuvent agir contre les décisions réglementaires et celles des décisions individuelles qui portent atteinte aux intérêts moraux ou matériels collectifs de leurs membres, tout en évitant que leur action ne se substitue à celle des individus (*CE, 28 déc. 1906, Syndicat des patrons coiffeurs de Limoges*). La personne morale ne peut défendre que des intérêts entrant dans son objet social tel que ses statuts le définissent (*CE, 11 janv. 2006, Association familiale des victimes du saturnisme et a.*). Une association est recevable à attaquer toute décision administrative portant atteinte aux intérêts collectifs pour la défense desquels elle est constituée (*CE, 7 mai 1948, Chambre syndicale de la propriété bâtie de La Baule*). Le groupement peut agir pour défendre les intérêts collectifs de ses membres mais non l'intérêt particulier de l'un d'entre eux (*CE, 8 juill. 1959, Section de la Corrèze du syndicat national de l'apprentissage*), sauf s'il a reçu mandat de l'intéressé ou forme un recours en intervention à l'appui du recours individuel. En revanche, il peut contester une mesure purement individuelle si, à travers elle, il est porté atteinte aux intérêts collectifs qu'il représente ou défend, ou si elle soulève une question de principe de nature collective entrant dans son objet statutaire (*CE, 5 mai 2006, Syndicat CFDT du ministère des affaires étrangères*).

Intérêt des personnes publiques

Chaque personne publique peut agir en justice afin de défendre ses intérêts propres. Cependant, une collectivité publique est irrecevable à demander au juge de prononcer une mesure qu'il lui appartient de prendre elle-même (*CE, 30 mai 1913, Préfet de l'Eure*).

a) L'État

Malgré le principe d'unité de l'État et la solidarité ministérielle, un ministre est recevable à demander l'annulation des décisions d'un autre ministre (*CE, 10 mars 1933, Ministre des finances*). La solution ne vaut pas entre autorités hiérarchisées. L'autorité de tutelle peut adresser un recours gracieux à l'autorité subordonnée (*CE, 16 mai 1984, Commune de Vigneux-sur-Seine*).

b) Les collectivités territoriales

Elles peuvent défendre leur pouvoir propre de décision, au besoin contre l'État. Les collectivités décentralisées sont recevables à former un recours contre les actes qui affectent leurs prérogatives, leurs compétences ou leurs finances; leur exécutif est admis à attaquer les actes de l'autorité supérieure (*CE, 10 mars 1978, Commune de Roquefort-les-Pins*). Un membre d'une assemblée locale délibérante peut attaquer une délibération contraire à la loi et faisant obstacle à l'exécution de son mandat (*CE, 1er mai 1903, Bergeon*).

c) Les établissements publics

Les membres de l'organe délibérant d'un établissement public sont recevables à agir contre les décisions prises par cet organisme (*CE, 22 mars 1996, Mme Paris et Mme Roignot*).

4 La forme et la signature de la requête

La requête indique les nom et domicile des parties. Elle est signée, de façon manuscrite, par le requérant ou son mandataire et par un avocat lorsque ce ministère est obligatoire. Elle contient l'exposé des faits et moyens, ainsi que l'énoncé des conclusions soumises au juge (art. R. 411-1, al. 1, C. just. adm.). Une requête ne contenant l'exposé d'aucun moyen peut être régularisée, avant l'expiration du délai de recours, par le dépôt d'un mémoire exposant un ou plusieurs moyens.

La requête doit être accompagnée de copies, en nombre égal à celui des autres parties en cause, augmenté de deux (art. R. 411-3, C. just. adm.) (au moins quatre exemplaires). Elle doit être rédigée en français (*CE, sect., 22 nov. 1985, Quillevère*).

Présentation des requêtes

Le requérant peut déposer immédiatement un recours et un mémoire, dans lesquels sont exposés en détail tous les éléments de fait et de droit sur lesquels ce recours est fondé. S'il formule toutes ses conclusions, la requête est parfaite. Plus souvent, pour éviter la forclusion, il dépose un mémoire indiquant succinctement les éléments de fait et de droit et ses conclusions, qu'il développe dans un mémoire complémentaire, qui ne peut être produit que si la requête introductive d'instance mentionne l'intention de le présenter et d'y développer ses moyens. Faute de quoi, l'instruction commence.

Le mémoire complémentaire doit parvenir au juge dans le délai de quatre mois, sauf exceptions (urgence, contentieux électoral...) à compter de l'enregistrement de la requête. Si ce délai n'est pas respecté, le requérant est réputé s'être désisté à la date de son expiration (art. R. 611-22 et R. 612-5, C. just. adm.). Cependant, devant le Conseil d'État uniquement, le requérant peut déclarer renoncer à son mémoire complémentaire, évitant le désistement d'office (*CE, sect., 26 juill. 1996, Soc. entrepositaire parisienne*).

Lorsque des pièces sont jointes à la requête ou au mémoire, les parties y joignent un inventaire détaillé. Sauf lorsque leur nombre, leur volume ou leurs caractéristiques y font obstacle, ces pièces sont accompagnées de copies en nombre égal à celui des autres parties augmenté de deux (art. R. 412-2, C. just. adm.).

Les pièces en langue étrangère doivent être accompagnées d'une traduction certifiée conforme. Le juge n'est tenu ni de tenir compte des pièces non traduites ni d'inviter à produire leur traduction.

Les auteurs de recours, administratifs ou contentieux, contre un document d'urbanisme ou une décision relative à l'occupation ou l'utilisation du sol régies par l'article R. 600-1 du Code de l'urbanisme ont l'obligation de notifier ceux-ci à l'auteur de la décision et à son bénéficiaire (art. R. 411-7, C. just. adm.) et ceux d'un référé contractuel, au pouvoir adjudicateur ou à l'entité adjudicatrice (art. R. 551-1 et R. 551-2, C. just. adm.).

Production de la décision attaquée

Les requêtes et mémoires doivent être accompagnés, sauf impossibilité justifiée, de la décision attaquée ou, en cas de décision implicite, de la pièce justifiant de la date de dépôt de la réclamation. Cette décision ou cette pièce doit être accompagnée de copies en nombre égal à celui des autres parties en cause, augmenté de deux (art. R. 412-1, C. just. adm.). Sinon, il est enjoint aux parties de les produire, à peine d'irrecevabilité (art. R. 612-1, C. just. adm.). On trouve là une application de la règle de la décision préalable.

En l'absence de décision, il faut adresser une demande à l'administration afin de lier le contentieux. Le silence gardé par l'administration, en principe pendant deux mois, vaudra décision implicite de rejet.

La règle de la décision préalable ne s'applique ni aux procédures d'urgence, ni à l'administration agissant contre un particulier.

■ *Requêtes collectives*

Les requêtes présentées par plusieurs personnes doivent comporter, sauf si elles sont signées par un avocat, la désignation d'un représentant unique. À défaut, le premier dénommé est averti par le greffe qu'il est considéré comme le représentant des autres requérants, sauf à provoquer de la part de ceux-ci la désignation d'un autre représentant unique choisi par eux et d'en avertir la juridiction (art. R. 411-5, C. just. adm.). Les actes de procédure, à l'exception de la notification du jugement, sont valablement accomplis à l'égard du mandataire ou du représentant unique.

Lorsqu'un même requérant forme une ou plusieurs requêtes comportant des conclusions qui ne sont pas suffisamment liées entre elles, la juridiction l'invite à régulariser son pourvoi par la présentation de requêtes distinctes, faute de quoi l'irrecevabilité est opposée.

■ *Régularisations*

Une requête irrecevable peut être régularisée :

- si elle est prématurée, par l'intervention de la décision attaquée ;
- par appropriation, par une personne ayant qualité, capacité ou ayant reçu un mandat, d'une requête présentée par un auteur sans qualité ;
- par la rectification d'une requête imparfaitement présentée.

Lorsque des conclusions sont entachées d'une irrecevabilité susceptible d'être couverte après l'expiration du délai de recours, la juridiction doit inviter leur auteur à les régulariser (art. R. 612-1, C. just. adm.). Toutefois, la juridiction d'appel ou de cassation peut rejeter de telles conclusions sans demande de régularisation préalable en cas d'irrecevabilité tirée de la méconnaissance d'une obligation mentionnée dans la notification de la décision attaquée.

La juridiction peut inviter la partie à régulariser sa requête ou son mémoire lorsque l'irrecevabilité de la requête est expressément soulevée par le défendeur dans un mémoire qui a été communiqué au requérant et en cas de recours en révision.

La demande de régularisation peut prendre la forme d'une mise en demeure (art. R. 612-3, C. just. adm.).

Le délai de recours

CHAPITRE 6

L'intérêt général exige que la stabilité des situations administratives ne puisse être remise en cause que pendant un bref délai. Mais les justiciables ont besoin d'un délai suffisant pour se faire une opinion sérieuse sur la valeur juridique des décisions dont ils viennent d'avoir connaissance et leurs chances d'en obtenir l'annulation.

1 La règle du délai et ses exceptions

Sauf en matière de travaux publics (*CE, ass., 16 juill. 2007, Soc. Tropic Travaux Signalisation*), la juridiction administrative ne peut être saisie que par voie de recours formé contre une décision et ce, dans le délai de deux mois à partir de la notification ou de la publication de la décision attaquée (art. R. 421-1, al. 1er, C. just. adm.).

La publication, sous forme électronique, au *Journal Officiel de la République française* fait courir le délai du recours ouvert aux tiers contre les décisions individuelles :

- 1° relatives au recrutement et à la situation des fonctionnaires et agents publics, des magistrats ou des militaires ;
- 2° concernant la désignation, soit par voie d'élection, soit par nomination, des membres des organismes consultatifs mentionnés à l'article 12 de la loi n° 84-16 du 11 janvier 1984 portant dispositions statutaires relatives à la fonction publique de l'État ;
- 3° prises par le ministre chargé de l'économie dans le domaine de la concurrence ;
- 4° émanant d'autorités administratives indépendantes ou d'autorités publiques indépendantes dotées de la personnalité morale (art. R. 421-1, al. 2, C. just. adm.).

Durée du délai

Le délai de recours est en principe de deux mois. Seule une disposition expresse instituant un délai différent, ou dispensant le recours de la condition de délai, peut écarter cette règle. Le respect de cette condition s'apprécie à la date de l'enregistrement de la requête au greffe de la juridiction.

Les délais plus longs sont rares : six mois devant la Commission nationale des comptes de campagne et devant les conseils départementaux des pensions militaires d'invalidité, trois mois devant les tribunaux administratifs de Mamoudzou, de Papeete, de Mata-Utu et de Nouvelle-Calédonie, quatre ans pour les recours des tiers contre les autorisations d'exploitation des établissements dangereux, incommodes et insalubres lorsque la décision a été prise sur le fondement de la loi du 19 juillet 1976.

Il existe des délais moins longs : un mois pour se pourvoir devant le Conseil d'État contre la décision du tribunal administratif statuant sur une demande d'autorisation d'exercer une action appartenant à une collectivité territoriale, quinze jours pour former un référé fiscal en vue d'obtenir le sursis de paiement, dix jours pour contester devant le Conseil d'État les élections aux conseils régionaux, à l'assemblée de Corse et au Parlement européen, sept jours pour saisir le président du tribunal administratif d'un recours contre un arrêté de reconduite à la frontière notifié par voie postale, quarante-huit heures si elle est faite par la voie administrative, cinq jours pour les réclamations devant le tribunal administratif contre le résultat des élections municipales et pour contester devant la commission de contrôle les élections aux conseils d'université et d'UFR.

Le délai normalement applicable est augmenté d'un délai de distance (un mois en cas de demande portée devant une juridiction qui a son siège en métropole pour les personnes demeurant dans un département ou une collectivité d'outre-mer, ou de demande portée devant une juridiction siégeant outre-mer par une personne ne demeurant pas dans ce département). Un délai de deux mois s'ajoute au délai normal pour les personnes demeurant à l'étranger.

Le législateur proroge parfois les délais à raison de grèves ou de manifestations de longue durée...

Absence de délai

Peuvent être déposés à tout moment les recours en matière de travaux publics (art. R. 421-1, C. just. adm.), entendus largement. La forclusion n'est encourue qu'après un délai de deux mois à compter de la notification d'une décision expresse de rejet : en matière de plein contentieux (art. R. 421-3, 1°, C. just. adm.), dans le contentieux de l'excès de pouvoir, quand le silence de l'administration fait naître une décision qui ne pouvait être prise que par ou sur avis d'une assemblée locale ou de tout autre organisme collégial (art. R. 421-3, 2°, C. just. adm.), dans le cas où la réclamation tend à obtenir l'exécution d'une décision de la juridiction administrative (art. R. 421-3, 3°, C. just. adm.), dans le contentieux de l'accès aux documents administratifs, pour les recours contre la décision implicite résultant du silence gardé par l'autorité compétente pendant plus de deux mois à compter de la saisine de la CADA (*D. 28 avr. 1988, art. 2, al. 5 ; CE, 11 juill. 1990, Centre hospitalier de Neufchâteau*), dans le contentieux de l'exécution des décisions des juridictions administratives, pour les recours contre les décisions rejetant une demande tendant à ce que l'administration prenne les mesures nécessaires à l'exécution d'un jugement de tribunal administratif ou d'un arrêt de cour administrative d'appel (art. R. 921-2, C. just. adm.) et pour les recours en interprétation ou en appréciation de légalité sur renvoi de l'autorité judiciaire (*CE, 22 janv. 2007, Jean A.*).

Une décision expresse postérieure à la décision implicite et se substituant à elle fait courir le délai de deux mois avant l'expiration duquel le recours doit être formé pour être recevable (art. R. 421-1 et R. 921-2, C. just. adm.). Seule une décision expresse statuant sur une demande d'astreinte contre une décision administrative expresse refusant de prendre les mesures nécessaires à l'exécution d'une décision de la juridiction administrative interrompt le délai contre cette dernière décision jusqu'à la notification de la décision qui statue sur cette demande (art. R. 921-3 et R. 931-9, C. just. adm.).

Les recours contre les actes juridiquement inexistants ne sont soumis à aucun délai.

Le chiffrage des conclusions indemnitaires, auquel est subordonnée leur recevabilité, peut être effectué à tout moment en cours d'instance, et même pour la première fois en appel, en l'absence d'invitation à régulariser et de fin de non-recevoir intervenues en première instance (*CE, 12 janv. 2011, Kejjou*).

Dans tous les cas où aucun délai n'est prévu, la prescription trentenaire s'applique (*CE, 13 mai 1960, Secrétaire État à l'agriculture c/Manière*).

2 Le point de départ du délai

Le point de départ du délai de recours est réalisé par la publicité régulière de l'acte. Il s'agit du lendemain à 0 heure du jour où l'existence et le contenu de la décision ont été portés à la connaissance du requérant. La mesure de publicité ne déclenche le délai de recours que si elle est suffisante pour permettre aux intéressés de prendre connaissance du contenu de l'acte et d'en comprendre le sens et les motifs. Le délai ne court qu'à l'encontre des éléments de l'acte qui ont été correctement portés à la connaissance des intéressés (*CE, sect., 1er juill. 1955, Charles*). Néanmoins, il appartient au destinataire d'un acte individuel incomplètement notifié de demander à son auteur un complément d'information dans le délai de deux mois de la notification incomplète (*CE, 7 oct. 1981, Combe*). Le délai ne courra que de la date de la notification de la réponse, explicite ou implicite, de l'autorité administrative. L'absence de publicité, ou une publicité erronée ou incomplète, ne saurait faire courir le délai. Les délais de recours contre une décision administrative ne sont opposables qu'à la condition d'avoir été mentionnés, ainsi que les voies de recours, dans la notification de la décision (art. R. 421-5, C. just. adm.).

Le délai peut être déclenché même en l'absence de publicité de l'acte. Un membre d'un organisme collégial ou d'une assemblée délibérante est réputé avoir connaissance des décisions de ceux-ci au plus tard à la date de la séance au cours de laquelle ces décisions ont été adoptées, qu'il ait participé ou non à cette séance, à condition d'y avoir été convoqué (*CE, 4 août 1905, Martin ; – sect., 27 juill. 2005, Million*). Le délai est déclenché si l'intéressé a incontestablement eu une connaissance complète de la décision qui n'a pas été notifiée ou publiée. C'est le cas de la personne qui attaque une autorisation, dont elle n'a pas eu notification, mais a formé contre elle une demande de déféré au préfet (*CE, 25 mai 2005, Commune de Banon*), ou à qui est notifiée une décision mentionnant une précédente décision, qui fait courir le délai de recours contre celle-ci (*CE, 27 juill. 2009, Basano*).

■ *Actes réglementaires*

Les règlements et les décisions sui generis doivent être publiés. Tous les décrets doivent être publiés au *Journal officiel de la République française*. La publication fait courir le délai contre les décrets réglementaires. Les autres actes réglementaires des autorités centrales doivent être publiés au Journal officiel ou dans un recueil administratif, tel le bulletin officiel d'un ministère. Cette publication ne fait courir le délai qu'à l'encontre des agents destinataires de ce bulletin.

Les actes réglementaires des autorités locales sont publiés dans les formes prescrites par les textes, lorsqu'ils existent. Ainsi, le dispositif des délibérations à caractère réglementaire des régions, départements, communes de plus de 3 500 habitants et des groupements de communes comprenant au moins une telle commune est publié dans un recueil des actes administratifs tenu à la disposition du public. Le délai court dans ce cas de la date de publication dans ledit recueil.

L'affichage est le mode de publicité des permis de construire, résultats d'examens universitaires ou de baccalauréat. Il doit se réaliser dans un lieu adéquat et habituel et dans des conditions matérielles suffisantes pour permettre à tout intéressé d'en prendre connaissance.

Lorsqu'un acte fait l'objet de plusieurs modes de publicité, la première d'entre elles déclenche normalement le délai.

La théorie des vices cachés. Lorsqu'un acte réglementaire n'a pas été publié ou affiché intégralement, le délai n'est déclenché qu'en ce qui concerne les vices entachant sa légalité qui sont décelables (*CE, sect., 1er juill. 1955, Charles*).

■ *Actes individuels*

a) Les décisions explicites

Le mode usuel de publicité des décisions individuelles et des actes collectifs ne comportant qu'un nombre restreint de destinataires est ***la notification***. Les actes individuels explicites doivent être notifiés, c'est-à-dire portés à la connaissance de leurs destinataires par voie postale (lettre recommandée avec demande d'accusé de réception), ou remis à ceux-ci (par un fonctionnaire, moyennant signature d'un reçu), le délai courant de cette notification. La date de la notification doit être certaine pour déclencher le délai.

Le refus du destinataire de recevoir notification n'empêche pas le délai de courir. La notification est réputée faite à la date du refus. Si le destinataire, absent lors du passage du facteur, retire le pli au bureau de poste dans le délai de garde de quinze jours, le délai court du jour du retrait. S'il ne retire pas le pli, le délai court du jour du passage du facteur à son domicile.

La notification faite à une personne dont on peut raisonnablement penser qu'elle remettra le pli à son destinataire (conjoint, personne vivant sous le même toit, enfant suffisamment âgé, concierge...) est régulière. En cas de changement d'adresse, la notification faite à la dernière adresse que connaît l'administration est en principe régulière.

La notification doit être complète et contenir mention du délai de recours contre la décision notifiée et des voies de recours (art. R. 421-5, C. just. adm.). Ces mentions n'ont pas à figurer dans la décision rejetant un recours gracieux ou hiérarchique, dès lors qu'elles l'ont été dans la décision contre laquelle ce recours était dirigé. Une notification comportant des indications erronées quant au délai de recours ne fait pas courir le délai (*CE, 8 janv. 1992, Masses*).

Les textes prévoient que certaines décisions peuvent ne pas être publiées en raison des circonstances : état d'urgence, état de siège, période exceptionnelle... La nature de l'acte – décision verbale ou implicite – peut faire obstacle à la publicité. Dans ce cas, et sous le contrôle du juge, le délai ne court pas.

L'administration peut aussi ordonner l'entrée en vigueur immédiate d'actes en raison de leur objet ou de leur contenu, qui exige une action urgente (mise en vigueur de l'état d'urgence).

b) Les décisions implicites

Sauf disposition législative ou réglementaire contraire, le silence gardé pendant plus de deux mois sur une réclamation par l'autorité compétente vaut décision de rejet.

À compter du 13 novembre 2014 s'agissant des actes relevant de la compétence des administrations ou des établissements publics administratifs de l'État, et du 13 novembre 2015 s'agissant des actes pris par les collectivités territoriales et leurs établissements publics, ainsi que ceux des organismes de sécurité sociale et des autres organismes chargés de la gestion d'un service public administratif, le silence gardé pendant deux mois par l'autorité administrative vaudra décision d'acceptation. La liste des procédures pour lesquelles le silence vaudra acceptation sera publiée sur un site internet relevant du Premier ministre. Elle mentionnera l'autorité à laquelle la demande doit être adressée, ainsi que le délai au terme duquel sera acquise l'acceptation (art. 21-I, L. 12 avr. 2000). Si cette autorité informe l'auteur de la demande qu'il n'a pas fourni l'ensemble des informations ou pièces exigées par les textes législatifs et réglementaires en vigueur, le délai ne courra qu'à compter de la réception de ces informations ou pièces (id., art. 20).

Néanmoins, le silence vaudra toujours refus, lorsque la demande :

- ne tend pas à l'adoption d'une décision présentant le caractère d'une décision individuelle ;
- ne s'inscrit pas dans une procédure prévue par un texte législatif ou réglementaire ou présente le caractère d'une réclamation ou d'un recours administratif ;
- présente un caractère financier sauf, en matière de sécurité sociale, dans les cas prévus par décret ;
- dans les cas, précisés par décret en Conseil d'État, où une acceptation implicite ne serait pas compatible avec le respect des engagements internationaux et européens de la France, la protection de la sécurité nationale, la protection des libertés et des principes à valeur constitutionnelle et la sauvegarde de l'ordre public ;
- dans les relations entre les autorités administratives et leurs agents (id. art. 21-I).

Dans le cas où la décision demandée pourra être acquise implicitement et devra faire l'objet d'une mesure de publicité à l'égard des tiers lorsqu'elle est expresse, la demande sera publiée par les soins de l'administration, le cas échéant par voie électronique, avec l'indication de la date à laquelle elle sera réputée acceptée si aucune décision expresse n'est intervenue. La décision implicite d'acceptation fera l'objet, à la demande de l'intéressé, d'une attestation délivrée par l'autorité administrative. Un décret en Conseil d'État précisera les conditions d'application de ces dispositions (id., art. 22).

Enfin, des décrets en Conseil d'État et en Conseil des ministres pourront, pour certaines décisions, écarter l'application du nouveau principe eu égard à l'objet de la décision ou pour des motifs de bonne administration. Des décrets en Conseil d'État pourront fixer un délai différent de celui de deux mois, lorsque l'urgence ou la complexité de la procédure le justifiera (art. 21-I, L. 12 avr. 2000).

Les intéressés disposent, pour se pourvoir contre cette décision implicite, d'un délai de deux mois à compter du jour de l'expiration de ce délai de deux mois. Néanmoins, une décision explicite de rejet intervenant dans ce délai fait à nouveau courir le délai. La date du dépôt de la réclamation à l'administration, constatée par tous moyens, doit être établie à l'appui de la requête (art. R. 421-2, C. just. adm.). Toutefois, l'intéressé n'est forclos qu'après un délai de deux mois à compter du jour de la notification d'une décision expresse de rejet : – 1° en matière de plein contentieux ; – 2° dans le contentieux de l'excès de pouvoir, si la mesure sollicitée ne peut être prise que par décision ou sur avis des assemblées locales ou de tous autres organismes collégiaux ; – 3° dans le cas où la réclamation tend à obtenir l'exécution d'une décision de la juridiction administrative (art. R. 421-3, C. just. adm.). Si l'administration a accusé réception, alors même qu'elle n'était pas tenue de le faire, en indiquant une date erronée, plus tardive que celle de la réception de la demande, le délai ne commence à courir qu'à compter de la date indiquée (*CE, 29 mars 2000, Gluck*).

En cas de demande adressée à l'administration, celle-ci doit envoyer à l'auteur de cette demande un accusé de réception, avant même toute prise de décision (art. 19, L. 12 avr. 2000). L'obligation s'applique aux administrations de l'État, aux collectivités territoriales, aux établissements publics à caractère administratif, aux organismes de sécurité sociale et aux autres organismes chargés de la gestion d'un service public administratif, sauf dans leurs relations avec leurs agents (art. 18, al. 2, L. 12 avr. 2000).

L'accusé de réception doit préciser : la date de réception de la demande et la date à laquelle, à défaut de décision expresse, celle-ci sera réputée acceptée ou rejetée ; la désignation, l'adresse postale et, le cas échéant, électronique, ainsi que le numéro de téléphone du service susceptible de donner lieu à une décision implicite de rejet ou à une décision implicite d'acceptation. Dans le premier cas, l'accusé de réception mentionne les délais et voies de recours à l'encontre de la décision ; dans le second, la possibilité offerte au demandeur de se voir délivrer l'attestation prévue à l'article 22 de la loi du 12 avril 2000. Le cas échéant, il doit aussi indiquer au demandeur les pièces manquantes dont la production est indispensable à l'instruction de la demande et celles des pièces rédigées dans une langue autre que le français dont la traduction et, le cas échéant, la légalisation sont requises et lui fixer un délai pour la réception de ces pièces, à l'expiration duquel commence à courir le délai au terme duquel, à défaut de décision expresse, la demande est réputée acceptée ou rejetée. Toutefois, dans cette seconde hypothèse, la production des pièces avant la date fixée par l'administration fait courir ce délai (art. 2, D. 6 juin 2001).

Le délai n'est pas déclenché si ces indications sont incomplètes ou erronées ou si aucun accusé de réception n'est envoyé à l'auteur de la demande (*CE, 14 avr. 1989, Boyer*).

Sont considérées comme des demandes « *les demandes et réclamations, y compris les recours gracieux ou hiérarchiques, adressés aux autorités administratives* » (art. 18, L. 12 avr. 2000).

L'administration est dispensée d'accuser réception des demandes abusives, notamment par leur nombre, leur caractère répétitif ou systématique (art. 19, L. 12 avr. 2000) et l'accusé de réception n'est pas délivré : – 1° lorsqu'une décision implicite ou expresse est acquise en vertu des lois et règlements au profit du demandeur, au terme d'un délai inférieur ou égal à quinze jours à compter de la date de réception de la demande ; – 2° lorsque la demande tend à la délivrance d'un document ou au service d'une prestation prévus par les lois et règlements par laquelle l'autorité administrative ne dispose d'aucun pouvoir autre que celui de vérifier que le demandeur remplit les conditions légales pour l'obtenir (art. 3, D. 6 juin 2001).

Lorsqu'une demande adressée à une autorité administrative est affectée par un vice de forme ou de procédure faisant obstacle à son examen et que ce vice est susceptible d'être couvert dans les délais légaux, l'autorité invite son auteur à la régulariser en lui indiquant le délai imparti pour ce faire, les formalités ou procédures à respecter, ainsi que les dispositions légales et réglementaires qui les prévoient. Lorsque la réponse de l'administration ne comporte pas ces indications, les délais de recours ne sont pas opposables à l'auteur de la demande (art. 19-1, L. 12 avril 2000).

Si une décision implicite, prise dans un cas où une décision explicite devait obligatoirement être motivée, n'est pas illégale du fait de son absence de motivation, l'intéressé peut en réclamer les motifs. Le délai de recours contentieux contre la décision ne court que du jour où les motifs lui auront été communiqués (L. 11 juill. 1979). Une décision expresse intervenant avant l'expiration du délai de recours contentieux contre le refus implicite fait à nouveau courir le délai (*CE, sect., 6 juill. 1979, Auclair*).

Les tiers peuvent attaquer sans condition de délai les autorisations tacites, qui ne sont pas portées à leur connaissance. Le délai court du moment où le tiers est en mesure de connaître l'existence et le contenu de l'acte. Il en va autrement si les textes prévoyant de telles autorisations organisent une forme de publicité (cas des permis de construire et de démolir tacites, des autorisations tacites de défrichement et de cumul d'exploitations agricoles).

En plein contentieux, le requérant n'est forclos qu'après un délai de deux mois à compter du jour de la notification d'une décision expresse de rejet (art. R. 421-3, 1°, C. just. adm.).

Délai de recours pour excès de pouvoir

1) Contre une décision explicite

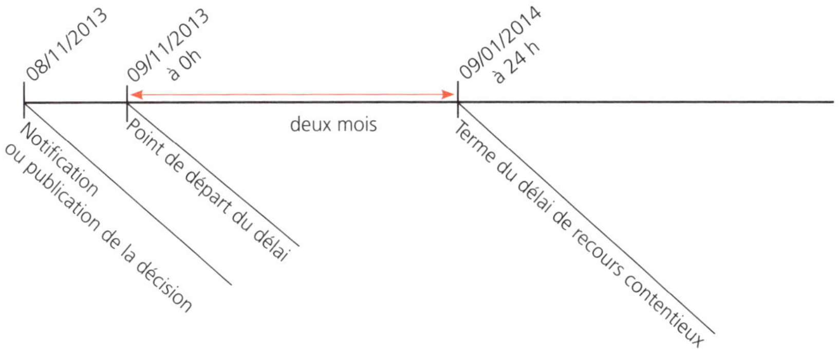

2) Contre une décision implicite

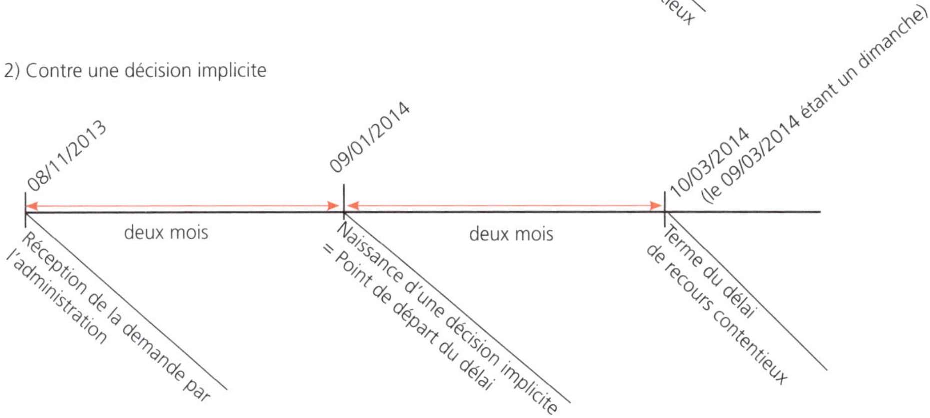

3 Le report du point de départ du délai

Le législateur peut proroger les délais (en cas de guerre, longues grèves postales...). Le juge a institué d'autres causes de prorogations afin de ne pas pénaliser le requérant qui sollicite l'aide juridictionnelle ou commet une erreur.

■ *Prise en compte des recours administratifs*

Le ***recours administratif***, gracieux ou hiérarchique, conserve le délai de recours contentieux. La réponse négative ou le silence gardé par l'administration pendant un certain délai constitue un acte administratif nouveau faisant revivre le délai (*CE, 13 avr. 1881, Bansais*).

Le recours administratif ne proroge le délai de recours contentieux que s'il parvient à l'administration avant l'expiration de ce délai et s'il tend à l'annulation ou à la réformation de l'acte entrepris.

Proroge le délai de recours contentieux l'exercice par le préfet, auprès d'une collectivité territoriale, d'un recours administratif précédant l'éventuel usage de son déféré (*CE, 16 mai 1984, Commune de Vigneux-sur-Seine*), tout comme la demande faite par une personne privée au préfet d'exercer son déféré (*CE, sect., 25 janv. 1991, Brasseur*).

Le recours administratif ne proroge le délai du recours contentieux que dans la limite des conclusions de la demande faite à l'administration (*CE, 9 mai 1980, Veyrier*). Un second recours administratif ne proroge pas le délai de recours contentieux (*CE, 11 mars 2009, Cantat*). Mais, lorsque, dans le délai initial du recours contentieux ouvert à l'encontre d'une décision administrative, sont exercés contre cette décision un recours gracieux et un recours hiérarchique, le délai du recours contentieux, prorogé par l'exercice de ces recours administratifs, ne recommence à courir à l'égard de la décision initiale que lorsqu'ils ont été l'un et l'autre rejetés (*CE, 7 oct. 2009, Ouahrirou*).

Lorsqu'une décision administrative fait l'objet, dans le délai imparti pour l'introduction d'un recours contentieux, d'un recours gracieux sur lequel il est statué par une décision notifiée avant l'expiration du délai de deux mois suivant la date à laquelle une décision implicite de rejet est réputée intervenir, le délai de recours contentieux court de nouveau, pour sa totalité, à compter de la notification de la décision statuant sur le recours. Il en est ainsi, quel que soit le sens de cette dernière décision (*CE, 8 juill. 2011, Botella*).

Exercice d'un recours préalable. Certains textes, ou des stipulations contractuelles, imposent de saisir l'administration, avant tout recours contentieux, d'un recours administratif, qui constitue une condition de recevabilité de ce recours (*CE, 28 sept. 2005, Louis*). Lorsqu'un texte a subordonné le recours contentieux tendant à l'annulation d'un acte administratif à un recours administratif préalable, une personne soumise à cette obligation n'est, sauf disposition contraire, recevable à présenter un recours contentieux contre la décision rendue par l'autorité saisie à ce titre, qui confirme la décision initiale en se substituant à celle-ci, que si elle a elle-même exercé le recours préalable (*CE, sect., 28 juin 2013, SAS Coutis*). Ces recours préalables sont de plus en plus nombreux.

La décision prise sur recours préalable se substitue dans tous les cas à la décision initiale. Le recours contentieux doit donc être formé contre cette décision et non contre la décision initiale. Le délai court de la réponse faite au recours préalable.

Délai de saisine du juge en cas de formation d'un recours administratif

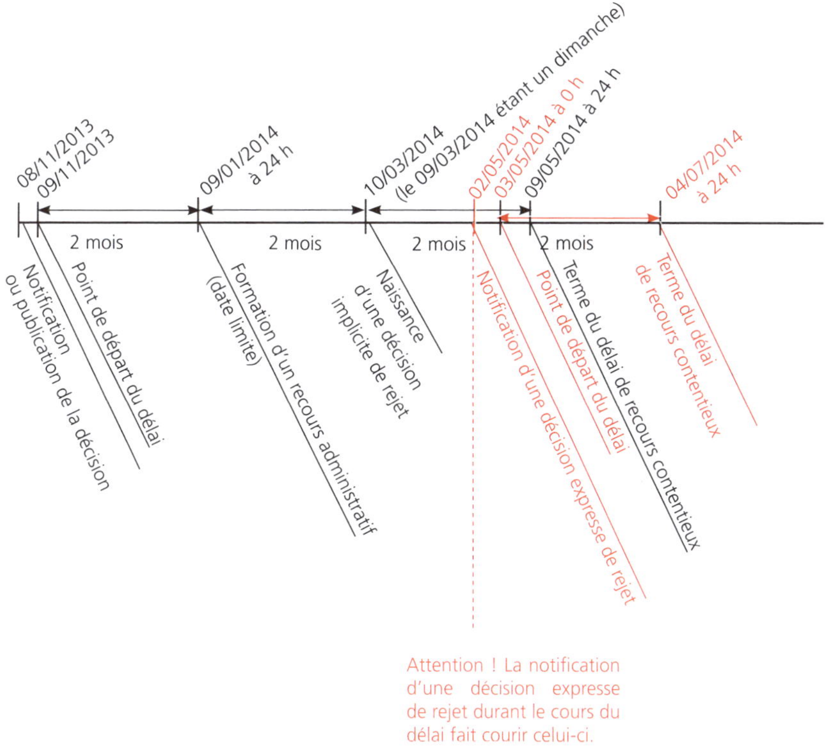

Saisine d'une juridiction incompétente

La saisine d'une juridiction incompétente interrompt la prescription, dès lors que cette juridiction a été saisie dans les délais applicables à la juridiction compétente (*CE, 25 mai 1928, Reynaud*). Conserve le délai la saisine d'une juridiction incompétente succédant à un recours administratif, si la juridiction administrative est saisie dans les deux mois du jugement d'incompétence (*CE, sect., 24 janv. 1958, Méallet*).

Demande d'aide juridictionnelle

Une demande d'aide juridictionnelle proroge le délai, à condition d'être présentée dans le délai de recours et de contenir les conclusions du requérant. En cas de décision d'admission ou de rejet du bureau d'aide juridictionnelle, le délai recommence à courir le jour où cette décision devient définitive, c'est-à-dire le jour où il n'est plus possible d'exercer contre elle de recours ou, si un tel recours est exercé, le jour où il est statué sur ce recours. En cas d'admission à l'aide et si la désignation de l'auxiliaire de justice intervient postérieurement au jour où la décision statuant sur la demande d'aide juridictionnelle devient définitive, le délai de recours contentieux ne recommence à courir que le jour où l'auxiliaire de justice est désigné. Ces délais ne sont pas des délais francs (*CE, sect., 28 juin 2013, avis, n° 363460*).

Une demande d'expertise formée après une demande d'aide judiciaire proroge le délai de recours contentieux (*CE, 13 mars 2009, Mme Vera*).

Report jusqu'au dernier acte d'une opération complexe

Il y a opération complexe chaque fois qu'une série nécessaire de décisions concourt pour aboutir à une décision finale. Le juge réserve le recours contre la décision réalisant l'essentiel du grief. Les requérants qui n'ont pas contesté chacune des décisions prises au cours de la procédure sont recevables à critiquer la légalité de celles-ci lors d'un recours formé contre la dernière mesure, ce même après l'expiration du délai imparti pour les attaquer isolément.

Éventuel cumul des causes de prorogation

Les prorogations légales s'ajoutent en principe aux autres. Ces dernières ne sont ouvertes qu'une fois (*CE, 13 avr. 1881, Bansais*). Lorsque le recours gracieux constitue un préalable obligatoire, l'intéressé peut en outre former un recours hiérarchique avant de saisir le juge. Un recours gracieux suivi d'un recours hiérarchique proroge le délai (*CE, 7 oct. 2009, Ouahrirou*). Mais un recours gracieux succédant à un recours hiérarchique ne préserve pas le délai, même si ce dernier est le préalable obligatoire du recours contentieux (*CE, 16 mai 1980, SA Clinique Sainte Croix*). Le recours devant une juridiction incompétente ne prolonge le délai qu'une fois. La saisine successive de deux juridictions incompétentes non subordonnées l'une à l'autre ne conserve pas le délai (*CE, 11 avr. 1930, Soc. des Moulins à seigle*).

■ *Réouverture du délai*

La réouverture du délai de recours est impossible lorsque, à l'expiration de ce délai, aucun recours n'a été introduit (*CE, sect., 28 mars 1952, Martin, Piteau et Lhuillier*). La nouvelle décision éventuellement prise par l'administration saisie de la même demande – décision confirmative – ne saurait faire revivre le délai de recours contentieux expiré. Mais si l'administration prend une nouvelle décision différente de la première, le recours contre cette seconde décision est possible dans le délai de deux mois, contre la nouvelle décision uniquement. En outre, la théorie de la décision confirmative ne s'applique pas aux refus d'abrogation d'un acte réglementaire (*CE, 27 avr. 2011, Association pour une formation médicale indépendante*).

Lorsque la réglementation applicable à un avantage demandé par l'intéressé a changé, la seconde décision, prise au vu de la réglementation nouvelle, est susceptible de recours, même si elle confirme un rejet, explicite ou implicite, intervenu sous l'empire de la réglementation antérieure (*CE, sect., 13 mai 1977, Secrétaire d'État à l'équipement (logement) c/Bergon*). En outre, lorsque le délai de deux mois pour contester un acte réglementaire par la voie du recours pour excès de pouvoir est expiré, un recours pour excès de pouvoir peut être intenté contre chacun de ses actes individuels d'application dans les deux mois de la notification de chacun d'eux (*CE, 15 févr. 1978, Plantureux*).

Par ailleurs, l'exécution tardive d'actes administratifs devenus définitifs (décisions de reconduite à la frontière, assignations à résidence...) constitue une décision nouvelle faisant courir à nouveau le délai du recours contentieux (*CE, 1er avr. 1998, Préfet des Yvelines c/Mme Nsonde ; – 8 janv. 1998, Mhadi*), sauf lorsque le retard dans l'exécution est dû uniquement au mauvais vouloir de l'intéressé (*CE, 18 févr. 1998, Préfet des Alpes-Maritimes c/Fati Fodé Caramo*).

Enfin, en application de la théorie du changement de circonstances de droit ou de fait, lorsque les circonstances qui ont présidé à la prise de la décision ont disparu ou ont été bouleversées, les intéressés peuvent demander l'abrogation totale ou partielle de cette réglementation dans les deux mois de ces changements (*CE, sect., 10 janv. 1930, Despujol ; – ass., 10 janv. 1964, Syndicat national des cadres des bibliothèques, et Ministre de l'agriculture c/Simonnet*).

4 Le terme et les effets de l'expiration du délai de recours

Lorsque le délai arrive à son terme, le requérant est forclos et ne peut plus saisir le juge. Une requête prématurée, faute de décision, n'est pas davantage recevable. Il arrive néanmoins que des délais ressuscitent ou qu'une satisfaction puisse être obtenue grâce à une voie de recours différente de celle qui apparaît la plus classique et la plus efficace au premier abord.

■ *Computation du délai*

Les délais sont en principe des ***délais francs*** (*CE, sect., 4 juin 1954, Commune de Décines-Charpieu*), ils n'incluent pas le jour du déclenchement du délai et ne s'achèvent que le lendemain du jour de son expiration. Il faut donc, pour calculer le délai, ajouter à la date de la mesure de publicité deux mois et un jour, en tenant toutefois compte de l'éventuel report du délai au premier jour ouvrable suivant, si le terme du délai est un jour chômé ou férié.

Ces règles trouvent exception lorsque les textes refusent un caractère franc à certains délais, comme en matière de reconduite à la frontière.

Les ***délais exprimés en années ou en mois*** expirent le jour de la dernière année ou du dernier mois portant le même quantième que celui qui suit la publication ou la notification de la décision attaquée. On ne tient compte, pour la computation du délai, ni du jour de son déclenchement, ni du jour de son terme. Le délai commence à courir à 0 heure et expire à 24 heures. Si le mois de l'expiration du délai ne comporte pas de quantième identique à celui de son point de départ, le délai expire le dernier jour du mois de son terme. Si le délai expire théoriquement un samedi, un dimanche ou un jour férié, son terme est reporté au premier jour ouvré suivant.

Pour ***les délais exprimés en jours***, le jour de la publication ou de la notification de la décision attaquée ne compte pas.

Le ***délai exprimé en heures*** expire dès que le nombre d'heures prévu est révolu.

Le recours doit être reçu par le tribunal avant le terme du délai, sauf pour le juge à tenir compte d'un retard anormal dans l'acheminement du courrier. La requête peut être introduite par télécopie ou par courriel, à condition d'être régularisée par la suite par un courrier sur papier signé. La requête empêchée d'être reçue par une panne du télécopieur de la juridiction n'est pas tardive (*CE, 20 juin 2006, Krib*).

■ *Effets de l'irrespect du délai*

La requête formée hors délai est irrecevable.

a) La requête formée avant l'intervention d'une décision

Cette requête est irrecevable faute de décision préalable. Mais il y a régularisation si l'administration prend une décision avant que la juridiction ait statué ou si elle ne soulève pas l'irrecevabilité en défense et conclut au rejet de la requête au fond, ou encore si elle n'invoque l'irrecevabilité de la requête qu'à titre subsidiaire (*CE, ass., 23 avr. 1965, Dame veuve Ducroux*).

b) La requête tardive

Elle ne saurait être régularisée. Cette irrecevabilité constitue un moyen d'ordre public qui peut être soulevé à tout moment par le défendeur ou d'office par le juge. Ne sont pas davantage recevables des conclusions nouvelles, non articulées dans le délai de recours, ou des demandes nouvelles. Il y a demande nouvelle lorsque le requérant invoque un ou des moyens nouveaux relevant d'une cause juridique distincte de celle à laquelle se rattachent les moyens invoqués avant le terme du délai. Par exception, les moyens d'ordre public sont invocables à tout moment.

Dans le contentieux de l'excès de pouvoir, il existe deux causes juridiques : la légalité externe et la légalité interne (*CE, sect., 20 févr. 1953, Soc. Intercopie*). Si le requérant a invoqué dans le délai au moins un moyen de légalité externe et un de légalité interne, il peut, passé ce délai, soulever tout autre moyen. En revanche, s'il n'a invoqué dans le délai qu'un ou des moyens de légalité interne, il ne peut soulever hors délai un, ou des moyens de légalité externe, et réciproquement. Cependant, lorsqu'un recours préalable précède le recours contentieux, d'autres moyens que ceux invoqués dans ce recours préalable peuvent l'être à l'appui du recours contentieux (*CE, 21 mars 2007, Garnier*).

Dans le plein contentieux, la notion de cause juridique varie suivant la matière : responsabilité pour faute et responsabilité sans faute dans le contentieux de la responsabilité, faute dans l'exécution du contrat, nullité du contrat et imprévision dans le contentieux contractuel, presque chaque grief dans le contentieux électoral... La décision administrative non contestée devient définitive, le juge ne peut plus l'annuler. L'administration ne peut pas faire disparaître rétroactivement de l'ordonnancement juridique une décision définitive, à la double condition qu'elle n'ait pas été déférée au juge dans le délai de recours ou, si elle l'a été, que le juge n'ait pas encore statué sur le recours, et qu'elle ait créé des droits. Peuvent en revanche être retirées à tout moment les décisions réglementaires qui n'ont fait l'objet d'aucune application et les décisions individuelles non créatrices de droits, ainsi que les décisions obtenues par fraude, insusceptibles de créer des droits. Mais, à la demande d'un administré justifiant d'un intérêt lui donnant qualité pour ce faire, l'administration est tenue d'abroger un règlement illégal, qu'il l'ait été dès sa signature ou le soit devenu à la suite d'un changement de circonstances de droit ou de fait (*CE, ass., 3 févr. 1989, Cie Alitalia*). La même obligation vaut pour les décisions illégales non réglementaires qui n'ont pas créé de droits et sont devenues illégales à la suite d'un changement de circonstances (*CE, sect., 30 nov. 1990, Association Les Verts*).

■ *Résurgence des recours*

Certaines circonstances ont pour effet d'écarter l'application de la décision en l'espèce, ce qui peut avoir pour l'intéressé des effets équivalents à une annulation.

a) Exception d'illégalité

L'exception d'illégalité peut être soulevée, sans délai, à l'encontre d'un acte réglementaire, même définitif, à l'appui d'un recours formé contre une décision prise sur son fondement. La solution connaît de fortes atténuations en droit de l'urbanisme. En revanche, l'exception d'illégalité des actes non réglementaires devenus définitifs ne peut être soulevée.

b) Action en réparation du préjudice résultant d'un acte illégal

La victime d'un dommage causé par un acte individuel illégal peut demander réparation de ce dommage en arguant de l'illégalité de l'acte, sur le fondement de la responsabilité pour faute (*CE, 3 déc. 1952, Dubois*). Une telle possibilité est cependant exclue pour les décisions dont l'objet est purement pécuniaire, car dans ce cas elle est devenue définitive à l'expiration du délai de recours, avec toutes les conséquences pécuniaires qui en sont inséparables.

Les différents recours

CHAPITRE
7

Différentes voies de recours sont ouvertes devant la juridiction administrative. Les recours en annulation et les recours de plein contentieux sont les plus fréquents.

1 Le recours pour excès de pouvoir

Le recours pour excès de pouvoir est une action en justice par laquelle toute personne y ayant un intérêt peut demander au juge administratif d'annuler toute décision administrative qu'elle estime illégale. Ce recours est ouvert même si aucun texte ne le prévoit et même si un texte exclut tout recours (*CE, ass., 17 févr. 1950, Ministre de l'agriculture c/Dame Lamotte ; Cons. const., 18 sept. 1986*).

Encore faut-il que soient remplies les conditions de recevabilité tenant à l'acte et à la personne du requérant et qu'existe un moyen d'annulation, ou cas d'ouverture.

■ *Conditions de recevabilité tenant à l'acte attaqué*

a) L'exigence d'un acte administratif

Le recours pour excès de pouvoir ne peut être exercé que contre un acte administratif unilatéral. Il est en principe irrecevable contre un contrat et contre les actes d'autorités étrangères ou d'autorités françaises agissant en tant qu'autorités étrangères. Cependant, les clauses réglementaires du contrat sont susceptibles de recours en annulation (*CE, ass., 10 juill. 1996, Cayzeele*) et le concurrent évincé est recevable à former un recours de plein contentieux contre le contrat, dont les effets peuvent être identiques à ceux d'un recours pour excès de pouvoir (*CE, ass., 16 juill. 2007, Soc. Tropic Travaux Signalisation*).

Le cocontractant de l'administration peut, en cas de résiliation unilatérale du contrat, demander au juge d'ordonner la reprise des relations contractuelles (*CE, sect., 21 mars 2011, Commune de Béziers*).

b) Une décision faisant grief

Le recours pour excès de pouvoir doit être dirigé contre le caractère décisoire de l'acte contesté. Il est irrecevable contre des actes ou éléments d'actes qui ne peuvent produire d'effets de droit (visas, exposé des motifs, vœu, avis, proposition), sont privés d'effets de droit (acte pris par un agent dépourvu de pouvoir de décision ou par un organisme purement consultatif, acte disparu de l'ordonnancement juridique), ou ne sont pas destinés à produire d'effets de droit (réponses ministérielles aux questions des parlementaires, réponses faites à des élus locaux, avis d'une autorité administrative à une autre, communiqués à la presse, comptes rendus de réunion, organigrammes...). Mais dès lors que l'acte fait grief, le recours est recevable. Ainsi, l'avis négatif du Conseil supérieur de la magistrature sur la nomination d'un magistrat du siège fait grief (*CE, 29 oct. 2013, B.*).

Face à une procédure administrative composée d'une succession d'actes distincts, mais liés entre eux, le juge réserve le recours contre le seul acte principal, qui réalise l'essentiel du grief. Le recours est irrecevable contre les actes préparatoires, qui correspondent à la phase d'instruction de la procédure, et les actes pris à la suite de la décision, qui n'ajoutent rien au grief (mesures de publicité ou de notification de la décision, commentaires ou indications relatifs à la décision, actes d'interprétation...). Sont en principe également insusceptibles de recours les actes confirmatifs et les actes comminatoires.

Ne font pas davantage grief et sont donc insusceptibles de recours en principe les mesures d'ordre intérieur (circulaires, à l'exception des circulaires impératives, directives...).

Par ailleurs, tout contrôle juridictionnel est exclu sur les actes de gouvernement, bien que les actes détachables de ceux-ci soient susceptibles de recours en annulation.

■ *Exception de recours parallèle*

Il y a recours parallèle lorsque le requérant dispose, pour obtenir la même satisfaction dans le même litige, d'une autre voie que le recours pour excès de pouvoir.

Le recours parallèle doit être un recours juridictionnel. Il doit s'agir d'une action directe et non d'un moyen de défense. Ce recours doit permettre d'aboutir au même résultat que le recours pour excès de pouvoir.

Le recours pour excès de pouvoir est recevable, en présence d'une opération comportant plusieurs actes, contre les actes détachables de celui qui est insusceptible de ce recours en annulation. Ainsi, en matière contractuelle, le recours pour excès de pouvoir est recevable contre les actes antérieurs ou postérieurs au contrat lui-même et les tiers sont recevables à déférer au juge de l'excès de pouvoir les actes qui, bien qu'ayant trait à la passation ou à l'exécution du contrat, peuvent néanmoins être regardés comme détachables dudit contrat (*CE, sect., 24 avr. 1964, Soc. Livraison Industrielle et Commerciale*). En outre, sont susceptibles de recours pour excès de pouvoir les clauses réglementaires d'un contrat et les contrats de recrutement d'agents contractuels par une collectivité publique (*CE, ass., 10 juill. 1996, Cayzeele ; – sect., 30 oct. 1998, Ville de Lisieux*). Les concurrents évincés de la signature de contrats publics peuvent former un recours direct contre ces contrats (*CE, ass., 16 juill. 2007, Soc. Tropic Travaux Signalisation*).

Le créancier qui entend contester le bien-fondé de la prescription quadriennale opposée par l'administration dans le cadre d'un litige indemnitaire à la créance objet de ce litige, doit le faire devant le juge saisi de ce même litige. Il n'est pas recevable à demander au juge de l'excès de pouvoir l'annulation de la décision opposant la prescription à la créance dont il se prévaut (*CE, 15 nov. 2012, Commune de Cavalaire-sur-Mer*).

■ *Cas d'ouverture du recours pour excès de pouvoir*

Les ouvertures du recours pour excès de pouvoir s'ordonnent autour du contrôle de la régularité formelle et du contrôle de la régularité matérielle. Les moyens de légalité formelle ou externe sont l'incompétence et le vice de forme. La violation de la loi et le détournement de pouvoir relèvent de la légalité matérielle ou interne.

Si l'acte est annulé pour violation de la légalité externe, le fond de l'acte pouvait être correct. L'administration peut le reprendre, en respectant les formes. Si en revanche l'acte est entaché d'illégalité interne, le fond est contraire à la légalité et l'acte ne peut être refait à l'identique.

Le contrôle du juge et son intensité varient suivant la plus ou moins grande marge de liberté accordée à l'administration. Si celle-ci détient un pouvoir discrétionnaire, le juge exerce sur l'acte un contrôle minimum ; si elle dispose d'une compétence liée, l'administration est obligée par les textes mêmes d'agir dans un sens donné dès lors que certaines circonstances de fait sont réunies et le contrôle du juge est beaucoup plus poussé.

a) Date d'appréciation de la légalité de l'acte attaqué

L'acte est examiné par le juge par rapport aux exigences de la légalité, de droit et de fait, telles qu'elles existaient au moment où il a été pris (*CE, sect., 22 juill. 1949, Soc. des automobiles*

Berliet). En principe, les circonstances postérieures à l'édiction de l'acte sont sans influence sur sa légalité. Cependant, l'administration peut invoquer devant le juge de l'excès de pouvoir, en première instance comme en appel, de nouveaux motifs au soutien de la décision attaquée. Il revient en ce cas au juge d'apprécier si le nouveau motif est de nature à fonder légalement la décision et si l'administration aurait pris la même décision en présence de ce motif, s'il avait été le motif initial (*CE, sect., 6 févr. 2004, Hallal*).

Les illégalités affectant des éléments extérieurs à l'acte postérieurement à son édiction (défaut de publication, publication irrégulière, inapplication de l'acte...) restent sans influence sur sa légalité.

b) Moyens de légalité externe

Les moyens de légalité externe sont l'incompétence et le vice de forme. Pour les détecter, il suffit d'examiner les aspects extérieurs de l'acte : signature, visas et procédure.

1) L'incompétence

Il y a incompétence lorsque l'acte a été pris par une autorité qui n'avait pas qualité pour ce faire. Ce vice, d'ordre public, est le plus grave qui puisse entacher une décision administrative. C'est aussi le cas d'ouverture le plus ancien. Il revêt plusieurs formes :

- ***l'incompétence positive*** peut revêtir quatre formes :
  - *l'usurpation de pouvoir* : un individu s'immisce dans l'administration, une autorité administrative empiète sur le domaine législatif ou juridictionnel,
  - *l'incompétence ratione materiae* : une autorité administrative empiète sur les compétences d'une autre, par exemple, un ministre prend une mesure réglementaire sans y être habilité,
  - *l'incompétence ratione loci* : une autorité prend une décision qui s'applique hors de sa circonscription territoriale, par exemple un arrêté de police municipale concerne une partie du territoire d'une autre commune,
  - *l'incompétence ratione temporis* : une autorité prend un acte avant d'être nommée ou après la cessation de ses fonctions ou du délai au terme duquel elle n'a plus compétence ;
- ***l'incompétence négative***. Une autorité se déclare à tort incompétente pour prendre un acte : le gouvernement, agissant dans le cadre de l'article 38 de la Constitution, reste en deçà de la compétence de l'autorité investie du pouvoir de prendre des mesures relevant du domaine de la loi, – ou se croit, à tort, liée par un avis purement consultatif.

2) Le vice de forme

Il y a vice de forme, ou de procédure, lorsqu'un acte a été pris sans qu'aient été respectées, ou correctement respectées, des formalités et procédures prescrites par les textes ou la jurisprudence.

La méconnaissance d'une formalité obligatoire n'entache l'acte d'illégalité que si son observation ou son inobservation a pu avoir des conséquences sur le fond de l'acte. Le juge ne censure pas davantage un acte pris sans qu'ait été respectée une procédure impossible à respecter (en raison par exemple de la disparition d'un organisme consultatif).

Un vice affectant le déroulement d'une procédure administrative préalable, suivie à titre obligatoire ou facultatif, n'est de nature à entacher d'illégalité la décision prise que s'il ressort des pièces du dossier qu'il a été susceptible d'exercer, en l'espèce, une influence sur le sens de la décision prise ou qu'il a privé les intéressés d'une garantie. L'application de ce principe n'est pas exclue en cas d'omission d'une procédure obligatoire, à condition qu'une telle omission n'ait pas pour effet d'affecter la compétence de l'auteur de l'acte (*CE, ass., 23 déc. 2011, Danthony et autres*).

La régularité de la procédure de consultation d'un organisme s'apprécie au regard des textes en vigueur à la date à laquelle intervient la décision devant être précédée de cette consultation (*CE, 22 janv. 2013, Syndicat national CGT des chancelleries et services judiciaires*).

En cas de compétence liée, l'omission ou l'illégalité entachant une formalité n'entraîne pas l'annulation de l'acte, puisque le contenu de celui-ci était, en tout état de cause, dicté à l'administration.

c) Moyens de légalité interne

Les moyens de légalité interne sont la violation de la loi et le détournement de pouvoir. Il faut, pour les détecter, examiner le contenu de l'acte.

1) La violation de la loi

Elle peut consister en la méconnaissance de deux principes : le principe de légalité formelle et le principe de légalité matérielle. Le ***principe de légalité formelle*** implique le respect de la hiérarchie des normes juridiques, suivant un critère organique, tiré de la qualité de leur auteur. Le ***principe de légalité matérielle*** oblige l'administration, lorsqu'elle élabore un acte individuel, à respecter l'acte réglementaire sur lequel il s'appuie, sans y déroger ni le transgresser. Encourt l'annulation l'acte qui viole toute norme qui lui est supérieure ou qui méconnaît un acte administratif hiérarchiquement supérieur, notamment un acte réglementaire.

Le juge effectue un ***contrôle des motifs*** ou ***met en oeuvre des moyens***. Les moyens de l'acte administratif sont les éléments de droit ou de fait qui ont conduit l'administration à agir ou à s'abstenir :

– ***les motifs de fait***, les circonstances de fait qui ont provoqué l'édiction de l'acte, constituent le premier élément de contrôle (*CE, 19 mai 1933, Benjamin*) ;

– ***le contrôle des motifs de droit*** : le défaut de base légale et l'erreur de droit. Le défaut de base légale résulte de l'inapplicabilité d'un texte : acte pris hors du champ d'application d'une loi, décision prise sur le fondement d'un texte qui ne peut s'appliquer en l'espèce ou qui n'est plus, ou pas encore, applicable. L'erreur de droit consiste à appliquer un texte sans rapport avec le problème (*CE, ass., 25 juin 1948, Soc. d'exploitation des Eaux et Thermes d'Enghien*). Elle se subdivise en plusieurs éléments. L'inexactitude matérielle des faits, ou cause juridique inexistante, consiste à se fonder sur des faits inexistants (*CE, 20 janv. 1022, Trépont*) ou différents de ceux décrits (*CE, 22 janv. 1926, Lefranc*) – là s'arrête le contrôle minimum. On passe au contrôle normal avec le contrôle de la qualification juridique des faits (relation entre le droit et les faits) : le juge recherche si le fait est de nature à justifier la décision (*CE, 4 avr. 1914, Gomel*). Le juge exerce un entier contrôle sur la proportion entre une sanction disciplinaire et la faute commise par un agent public (*CE, ass., 13 nov. 2013, B.*). Le contrôle devient maximum avec le contrôle de proportionnalité, de l'adéquation entre l'acte et les faits qui le justifient (*CE, 19 mai 1933, Benjamin*). Un contrôle du même type se rencontre avec le bilan coût-avantages (*CE, 28 mai 1971, Ville Nouvelle-Est*).

Le contrôle des motifs ne conduit pas automatiquement à une annulation. Diverses techniques permettent au juge de sauver un acte de l'annulation. Face à un acte ayant eu plusieurs motifs, le juge distingue les motifs déterminants des motifs surabondants (*CE, ass., 12 janv. 1968, Ministre de l'économie et des finances c/dame Perrot*). L'acte n'est pas annulé dès lors qu'il aurait été pris à l'identique si l'autorité administrative n'avait retenu que le motif légal. En cas de compétence liée, l'administration ne pouvait prendre d'autre décision que celle qu'elle a prise. Le contrôle du juge n'a pas de raison d'être. Si les motifs sont inopérants, ils ne sauraient exercer d'influence sur le sort de l'acte soumis au juge (*CE, 21 nov. 1956, Lazarini*). La substitution de base légale, qui peut intervenir d'office (*CE, sect., 3 déc. 2003, Préfet de Seine-Maritime c/El Bahi*) permet au juge de redresser le texte invoqué par l'administration. Le juge n'y procède qu'en cas de compétence liée.

La substitution de motifs permet au juge de remplacer le motif erroné par un motif légal, à condition que l'administration prenne l'initiative d'invoquer un nouveau motif, qui doit être soumis au contradictoire avant d'être adopté par le juge. Elle est exclue devant le juge de cassation (*CE, 6 févr. 2004, Hallal*). Le juge n'y procède qu'en cas de compétence liée.

En cas de circonstances exceptionnelles, les règles normales de compétence, de forme et d'objet des actes administratifs sont modifiées. L'incompétence, le vice de forme et de procédure n'entraînent pas automatiquement l'annulation de la décision qui en est entachée (*CE, 6 août 1915, Delmotte*).

2) Le détournement de pouvoir ou le contrôle des mobiles

C'est un contrôle de la moralité administrative. Le juge vérifie les intentions de l'auteur de l'acte, qui ne doit pas utiliser ses pouvoirs pour des motifs étrangers à l'intérêt public en vue desquels ils lui ont été octroyés : but personnel, désir de favoriser certaines personnes ou de leur nuire, but d'intérêt général autre que celui voulu par la loi (*CE, ass., 13 juill. 1962, Bréart de Boisanger ; – 4 juill. 1924, Beaugé*). La preuve du détournement de pouvoir résulte de l'ensemble du dossier, d'un faisceau de présomptions non contredites par l'administration. Ce moyen reste difficile à établir. Le détournement de procédure consiste dans l'utilisation d'une procédure à la place de la procédure légale, plus aléatoire ou plus longue (*CE, ass., 24 juin 1960, Soc. Frampar*).

2 Le recours de plein contentieux

Par le recours de plein contentieux, ou de pleine juridiction, le requérant demande au juge de constater, à son profit, l'existence d'un droit personnel, tel qu'un droit de créance. Le procès présente un caractère objectif. Les pouvoirs du juge y sont plus larges que dans le contentieux de l'annulation.

Ce contentieux comprend les contentieux des contrats, pécuniaire, fiscal et un certain nombre de contentieux spéciaux (des édifices menaçant ruine, des établissements dangereux, incommodes et insalubres, contentieux des sanctions).

On note un renforcement du plein contentieux, ainsi le contentieux relatif aux sanctions infligées aux administrés relève-t-il aujourd'hui du plein contentieux (*CE, ass., 16 févr. 2009, Soc. ATOM*).

Le déféré préfectoral dirigé contre un contrat est un recours de pleine juridiction (*CE, 23 déc. 2011, Ministre de l'intérieur, de l'outre-mer, des collectivités territoriales et de l'immigration*).

Le juge du plein contentieux peut, comme le juge de l'excès de pouvoir, annuler une décision ou déclarer une illégalité, il peut aussi octroyer une réparation, allouer une somme d'argent, annuler ou ordonner de recommencer une élection, ordonner une démolition ou une reconstruction.

Le fait de demander dans la même instance l'annulation d'une décision et la réparation du préjudice causé par l'illégalité fautive que le requérant estime constituée par cette même décision n'a pas pour effet de donner à l'ensemble des conclusions le caractère d'une demande de plein contentieux. À l'occasion d'un litige portant sur le versement d'une somme d'argent, les conclusions ayant trait au principal et celles ayant trait aux intérêts sont de même nature. Un requérant recevable à demander, par la voie du recours pour excès de pouvoir, l'annulation de la décision administrative qui l'a privé de cette somme l'est également à demander, par la même voie, l'annulation de la décision qui l'a privé des intérêts qui y sont attachés (*CE, sect., 9 déc. 2011, Marcou*).

Liaison du contentieux

Le recours ne peut être formé que contre une décision administrative préalable. Le contentieux doit être ***lié***, par une décision expresse ou par le silence gardé pendant un certain délai par l'administration. Il n'est cependant pas nécessaire de lier le contentieux dans les cas où la production d'une décision préalable n'est pas exigée ou n'est pas possible (cas de l'administration demanderesse, acquiescement, défense au fond, renvoi en interprétation de l'autorité judiciaire, déféré préfectoral contre un contrat, urgence).

Le plus souvent, le requérant doit provoquer une décision, en saisissant l'administration à cette fin. Il forme un ***recours préalable***. Cette demande doit être écrite, signée, contenir l'exposé des faits et moyens et les prétentions de son auteur. Elle peut être adressée par voie postale ou par un procédé télématique ou informatique homologué (art. 16, L. 12 avr. 2000), ou par un mandataire.

Délais

Si l'administration répond dans les délais, normalement de deux mois, l'intéressé doit saisir le juge dans les deux mois qui suivent. Lorsqu'elle répond expressément après l'expiration du délai au terme duquel son silence a fait naître une décision implicite de rejet, en plein contentieux, cette décision explicite est seule susceptible de faire courir le délai. La demande préalable lie le contentieux dans les limites de son objet, autrement dit dans la mesure de ce que le requérant a sollicité de l'administration. Mais l'argumentation avancée dans la demande préalable peut être développée dans le mémoire contentieux. Le recours contentieux est dirigé contre la décision contenue dans la réponse de l'administration à la demande ou au recours préalable. Au cas où une décision a été prise à la suite d'un recours gracieux, différente de la première, cette dernière seule lie le contentieux.

Le contentieux peut exceptionnellement être lié du fait du silence gardé par l'administration sur la demande pendant un certain temps, en général deux mois. Si, en plein contentieux, seule une décision explicite lie le contentieux et oblige le requérant à agir dans le délai, le juge peut néanmoins être saisi en présence d'une décision implicite. L'intéressé doit établir l'existence et la durée du silence gardé par l'administration sur sa demande. La preuve du point de départ du délai de deux mois dont l'écoulement vaut création d'une décision implicite peut être apportée par tous moyens (accusé postal ou administratif de réception, lettre...). Ce délai se calcule à compter du jour de la réception de la demande (*CE, 21 mars 2003, Préfet de police c/Xiaowei Pan*).

Le contentieux n'est pas lié dès lors que la personne publique défenderesse soulève à titre principal l'irrecevabilité des conclusions du requérant, même si la fin de non-recevoir avancée ne tient pas à l'absence de décision préalable (*CE, 21 févr. 1997, Quille*).

Sont dispensés de liaison du contentieux les recours en matière de travaux publics et les recours en responsabilité du fait des lois et règlements.

La requête présentée au juge doit être chiffrée. Le chiffrage de conclusions indemnitaires, auquel est subordonnée leur recevabilité, peut être effectué à tout moment en cours d'instance, et même pour la première fois en appel, en l'absence d'invitation à régulariser et de fin de non-recevoir intervenues en première instance (*CE, 12 janv. 2011, Kejjou*).

Le ministère d'avocat est en principe obligatoire.

La prescription quadriennale. Lorsque le requérant sollicite la condamnation de l'administration au versement d'une somme d'argent, en l'absence d'autre délai de recours, s'applique la règle de la prescription quadriennale, dont le régime est posé par la loi du 31 décembre 1968. La décision d'opposer cette prescription constitue l'usage d'une prérogative de puissance publique et peut faire l'objet d'un recours pour excès de pouvoir. Néanmoins, le créancier qui entend contester le bien-fondé de la prescription opposée par l'administration dans le cadre d'un litige indemnitaire à la créance objet de ce litige, doit le faire devant le juge saisi de ce même litige. Il n'est pas recevable à demander au juge de l'excès de pouvoir l'annulation de la décision de la décision opposant la prescription quadriennale à la créance dont il se prévaut (*CE, 15 nov. 2012, Commune de Cavalaire-sur-Mer)*.

La prescription quadriennale, règle de comptabilité publique, se calcule par exercices budgétaires. Les créances détenues sur les personnes publiques sont éteintes le 31 décembre de la quatrième année qui suit celle au cours de laquelle s'est produit le fait générateur de la créance. La créance indemnitaire relative à la réparation d'un préjudice présentant un caractère évolutif doit être rattachée à chacune des années au cours desquelles ce préjudice a été subi (*CE, 6 nov. 2013, Mme B., vve A.*).

La prescription peut être opposée à toute créance, quelle que soit son origine, qu'elle soit tirée d'un contrat, d'un statut de fonctionnaire, d'un acte administratif, d'un dommage ou d'une expropriation irrégulière... Elle est opposable à une créance fondée sur la loi, née d'un acte de puissance publique, d'une voie de fait et même, dans certains cas, d'un acte de gestion d'un service public industriel et commercial, qu'il s'agisse d'une créance en capital ou d'intérêts.

Ses bénéficiaires sont l'État, les collectivités territoriales, les établissements et services dotés d'un comptable public et ayant un budget propre, qu'ils soient administratifs ou industriels et commerciaux.

L'autorité administrative ne peut renoncer à l'opposer, mais les créanciers de l'administration peuvent être relevés de tout ou partie de la prescription. Seule une autorité administrative dispose de la faculté de l'opposer : ordonnateurs principaux ou secondaires pour l'État, exécutif des collectivités territoriales, représentant légal ou personne régulièrement habilitée à cette fin pour les établissements publics. Elle doit être opposée par une décision expresse ou des observations devant le juge. La décision doit être écrite, motivée et comprendre l'énoncé des considérations de droit et de fait qui constituent son fondement. La prescription peut être opposée tant que la créance n'est pas intégralement payée et matériellement acquittée, mais avant que la juridiction saisie du litige au premier degré se soit prononcée sur le fond. Elle ne peut en aucun cas être invoquée par l'administration pour s'opposer à l'exécution d'une décision passée en force de chose jugée.

Elle est interrompue par toute manifestation claire visant à demander des comptes à l'administration, une reconnaissance de sa dette par l'administration, ou toute attitude de l'administration de nature à entraîner la passivité du créancier et à lui laisser croire que ses prétentions seront accueillies. La prescription ne court pas contre le créancier qui ne peut agir lui-même ou par l'intermédiaire de son représentant légal, notamment pour cause de force majeure, ou qui ignorait légitimement l'existence de sa créance (*CE, 19 nov. 2013, Soc. Credemlux International*).

Les procédures de référé et de suspension

Chapitre
8

Les procédures de référé tendent en principe au prononcé de mesures provisoires. Le terme « référé » évoque l'urgence, mais certains référés ne sont pas commandés par l'existence d'une situation d'urgence. Les référés généraux sont le référé suspension, le référé liberté, le référé conservatoire, le référé constat, le référé instruction et le référé provision. S'y ajoutent des référés particuliers.

Sont juges des référés les présidents des tribunaux administratifs et des cours administratives d'appel, les magistrats que ceux-ci désignent, le président de la Section du contentieux du Conseil d'État et les conseillers d'État désignés par lui à cet effet.

1 Les règles communes à tous les référés

Le juge des référés est un juge unique, unique organe de jugement compétent pour se prononcer sur toutes les formes de référés et juge statuant seul. Il n'est pas saisi du principal et se prononce dans les meilleurs délais, par des mesures qui présentent un caractère provisoire et prennent la forme d'ordonnances (art. L. 511-1, C. just. adm.).

■ Recevabilité

La demande de référé ne doit pas être manifestement insusceptible de se rattacher à la compétence de la juridiction administrative de droit commun (*T. confl., 14 janv. 1880, Frères des écoles chrétiennes ; – 19 févr. 1996, Consorts Rattagi*). Au sein de l'ordre administratif, la compétence du juge administratif des référés est limitée aux litiges dont la connaissance lui appartient quant au fond (*CE, sect., 15 juill. 1957, Ville de Royan*). L'acte doit relever de la compétence territoriale dont dépend le juge des référés (*CE, 3 juin 1988, Diallo*).

■ *Pouvoirs du juge*

Saisi par toute personne, faisant état d'un élément nouveau, le juge des référés peut à tout moment modifier sa décision, étendre ou restreindre les mesures prises initialement, ou y mettre fin (art. L. 521-4, C. just. adm.). Il ne prend en principe que des mesures provisoires.

Le juge se prononce dans les meilleurs délais, au terme d'une procédure qui obéit aux exigences de la contradiction, adaptées à celles de l'urgence (*CE, 28 mai 2001, Soc. Codiam*). L'audience n'est pas obligatoire en toutes matières. Il n'y a pas de conclusion et il n'y a pas de conclusions du rapporteur public, sauf disposition contraire (art. L. 522-1, C. just. adm.).

L'ordonnance du juge des référés mentionne le nom des parties, analyse les conclusions et vise les dispositions législatives ou réglementaires dont elles font application (art. R. 742-2, C. just. adm.). Elle contient l'analyse des moyens ou arguments développés par les parties, sauf si on se fonde sur l'absence d'urgence. En cas de référé suspension ou de référé liberté, l'ordonnance ou le procès-verbal dressé à l'issue de l'audience publique qui doit alors être tenue, mentionne la convocation des parties à l'audience. L'ordonnance fait apparaître la date à laquelle elle est signée (art. R. 742-2, C. just. adm.) et indique, à la suite de la mention « *Au nom du peuple français* », la qualité de son signataire (art. R. 742-3, C. just. adm.).

La minute de l'ordonnance n'est signée que par le magistrat qui rend la décision (art. R. 742-5, C. just. adm.), elle n'est pas prononcée en audience publique (art. R. 742-6, C. just. adm.). Le dispositif, divisé en articles, est précédé du mot « *ordonne* » (art. R. 742-4, C. just. adm.).

2 Les référés généraux

Une procédure de droit commun du référé concerne les référés urgents (référé liberté, référé suspension et référé conservatoire), les référés ordinaires (référé instruction, référé provision...) et en partie les référés spéciaux (référé joint à un déféré préfectoral, référé audiovisuel, référé en l'absence d'étude d'impact, référé précontractuel...).

■ *Règles de procédure communes*

a) Demande de référé

La demande de référé est introduite par une requête présentée dans les formes ordinaires. Sauf dans le cas du référé suspension, la requête peut être formée même en l'absence d'une décision préalable. Le ministère d'avocat est obligatoire si la demande au fond porte sur une matière qui nécessite ce ministère (*CE, 12 oct. 1956, Saporta*).

Toute requête peut être rejetée dès son introduction par une ordonnance motivée rendue sans instruction contradictoire et sans audience publique en cas d'absence d'urgence alors qu'il s'agit d'une requête en référé d'urgence, ou en cas de requête manifestement irrecevable, mal fondée ou hors du champ de compétence de la juridiction administrative. Dans ce dernier cas, le juge n'a pas l'obligation de communiquer au défendeur les conclusions du demandeur en référé (*CE, 29 janv. 1993, Association des riverains de l'Herrengrie*). Ce rejet par ordonnance sans instruction n'est susceptible que d'un recours en cassation devant le Conseil d'État (*CE, sect., 28 févr. 2001, Casanovas*).

Le juge des référés statue au terme d'une procédure contradictoire, orale, écrite, ou en partie orale et en partie écrite. Le juge doit informer sans délai les parties de la date et de l'heure de l'audience publique dans les procédures de référé liberté et de référé suspension. La procédure est dispensée de conclusions du rapporteur public pour tous les référés (art. L. 522-1, al. 3, C. just. adm.). Ces conclusions sont cependant obligatoires lorsque le jugement du référé est renvoyé à une formation collégiale.

Il existe trois conditions communes à tous les référés, une quatrième condition est spécifique aux référés d'urgence :

- une décision ou un comportement de l'administration faisant grief à l'intéressé ou lésant un de ses droits ;
- une situation contentieuse ou précontentieuse ;
- l'action en référé a pour objet de préparer ou, éventuellement, de prévenir une instance contentieuse devant le juge du fond. Les mesures sollicitées doivent être utiles (art. 521-3, C. just. adm.).

Dans les demandes en référé d'urgence, le demandeur en référé doit établir lui-même l'urgence à décider (art. R. 522-1, C. just. adm.), que le juge doit constater. Il doit en outre exister un lien direct entre l'urgence et la mesure dont l'octroi est sollicité en référé. L'urgence s'apprécie le jour où le juge statue. Elle est réalisée lorsque la décision administrative contestée préjudicie de manière suffisamment grave et immédiate à un intérêt public, à la situation du requérant ou aux intérêts qu'il entend défendre (*CE, sect., 19 janv. 2001, Confédération des radios libres*).

Dans le cadre du référé suspension, l'appréciation de la condition d'urgence doit se fonder sur toutes les circonstances de l'espèce et ressortir de la requête elle-même. Mais il existe des présomptions d'urgence (ex. : en cas de permis de construire, lorsque les travaux vont commencer ou ont commencé, sans être achevés, ou d'autorisation d'abattage d'arbres).

Le juge peut à tout moment être saisi de la survenance d'un fait nouveau par une partie, qui peut lui demander de modifier, afin de les étendre ou de les restreindre, voire d'abroger, les mesures contenues dans son ordonnance primitive. Ce réexamen s'effectue en audience publique et dans le respect du principe du contradictoire.

b) Voies de recours

L'appel des jugements intervenus dans le cadre des référés non soumis à la condition d'urgence est porté dans les quinze jours devant la cour administrative d'appel. L'ordonnance rendue en appel est susceptible d'un recours en cassation devant le Conseil d'État, dans les quinze jours.

En référé suspension et en référé conservatoire, seul un recours en cassation devant le Conseil d'État est possible dans les quinze jours de la notification, ou de la lecture, de l'ordonnance.

En référé liberté, l'appel est possible devant le président de la Section du contentieux du Conseil d'État, et seulement contre le jugement acceptant une demande de référé liberté et prononçant à ce titre des mesures provisoires.

■ *Référés d'urgence*

Les trois référés d'urgence (référé suspension, référé liberté et référé mesures utiles) obéissent à des règles de procédure communes et chacun d'eux est régi par des règles spécifiques.

La demande est toujours dispensée du ministère d'avocat si elle porte sur un référé liberté. Elle l'est à condition de se rattacher à un litige qui en est dispensé pour les autres référés (art. R. 522-5, C. just. adm.). La demande et, le cas échéant, l'enveloppe qui la contient doivent porter la mention « *référé* », la règle n'étant pas édictée à peine d'irrecevabilité (art. R. 522-3, C. just. adm.).

La demande ne doit tendre qu'au prononcé de mesures provisoires (art. L. 511-1, C. just. adm.). Elle doit contenir l'exposé au moins sommaire des faits et moyens et justifier de l'urgence de l'affaire (art. R. 522-1, C. just. adm.). À défaut, elle peut être rejetée selon la procédure de tri des requêtes, sans instruction (art. L. 522-3, C. just. adm.) ou sans examen des autres conditions exigées pour les référés d'urgence (*CE, sect., 14 mars 2001, Ministre de l'intérieur c/Mme Ameur*). La demande doit indiquer clairement le fondement choisi, qui doit être unique. On ne peut présenter dans la même requête une demande de référé suspension et une demande de référé liberté (*CE, sect., 28 févr. 2001, Philippart et Lesage*).

Lorsque la demande ne présente pas un caractère d'urgence ou lorsqu'il apparaît manifeste, au vu de la demande, que celle-ci ne relève pas de la compétence de la juridiction administrative, qu'elle est irrecevable ou mal fondée, le juge peut la rejeter par une ordonnance motivée sans qu'il y ait lieu d'appliquer les deux premiers alinéas de l'article L. 522-1 (art. L. 522-3, C. just. adm.).

Lorsque la demande est mise à l'instruction, elle est notifiée aux défendeurs. Les délais les plus brefs sont donnés aux parties pour présenter leurs observations.

Lorsque la demande concerne un référé suspension ou un référé liberté, le juge doit établir sans délai un calendrier de procédure, informant les parties de la date et de l'heure de l'audience publique (art. L. 522-1, C. just. adm.).

Une audience publique doit être tenue en cas de demande de référé suspension, de référé liberté, de modification ou de suppression de telles mesures, sous réserve de l'application de la procédure de tri des requêtes. Dans ces cas, il n'y a pas de conclusions du rapporteur public. L'instruction est en principe close à l'issue de l'audience (art. R. 522-8, C. just. adm.). Le juge peut statuer, renvoyer l'affaire à une formation collégiale ou à une autre audience. Il doit citer les textes qui fondent sa décision (*CE, 23 avr. 2003, SARL Siminvest*), sans devoir analyser les moyens présentés à l'appui des conclusions (*CE, 4 oct. 2004, Roels*).

L'ordonnance est notifiée sans délai et par tous moyens aux parties (art. R. 522-12, C. just. adm.). Elle prend normalement effet à partir du jour où la partie qui doit s'y conformer en reçoit notification, mais le juge peut décider qu'elle sera exécutoire dès qu'elle aura été rendue. Si l'urgence le commande, le dispositif de l'ordonnance, assorti de la formule exécutoire, peut être communiqué aux parties, qui en accusent réception.

a) Référé suspension

La suspension d'une mesure (art. L. 521-1, C. just. adm.), même de rejet, peut être sollicitée du juge. La suspension du rejet ne peut produire d'effets que si elle s'accompagne des injonctions nécessaires pour orienter son exécution par l'administration dans le sens voulu (*CE, sect., 20 déc. 2000, Ouatah*).

La recevabilité de la demande est subordonnée à la triple condition de l'existence d'une décision administrative, d'un recours en annulation ou en réformation de cette décision, lui-même recevable, et d'un objet à la date où elle est présentée.

La suspension ne peut être ordonnée que si deux conditions cumulatives sont réunies : une urgence justifiée et un moyen propre à créer un doute sérieux quant à la légalité de la décision (*CE, sect., 14 mars 2001, Ministre de l'intérieur c/Mme Ameur*). La condition d'urgence doit être regardée comme remplie lorsque la décision contestée préjudicie de manière suffisamment grave et immédiate à un intérêt public, à la situation du requérant ou aux intérêts qu'il entend défendre (*CE, sect., 19 janv. 2001, Confédération nationale des radios libres*). Il appartient au juge d'apprécier concrètement, compte tenu des justifications fournies par le requérant, si les effets de la décision sur la situation du demandeur ou le cas échéant des personnes concernées sont de nature à caractériser une urgence justifiant que, sans attendre le jugement de la requête au fond, l'exécution de la décision soit suspendue (*idem*) et de dresser le bilan de l'urgence. Le juge doit faire apparaître dans sa décision tous les éléments qui, eu égard notamment à l'argumentation des parties, l'ont conduit à considérer que la suspension demandée revêtait un caractère d'urgence (*CE, sect., 28 févr. 2001, Préfet des Alpes-Maritimes, Soc. Sud-Est Assainissement*). Il existe des présomptions d'urgence.

La requête doit faire naître dans l'esprit du juge un ***doute sérieux***, que le juge doit indiquer dans son ordonnance, sur la légalité de la décision.

Même lorsque les conditions sont remplies, il appartient au juge d'apprécier si, à titre exceptionnel, il convient néanmoins de ne pas ordonner la suspension de l'exécution de la décision attaquée ou de certains de ses effets, en raison de considérations d'intérêt général. Le juge peut ordonner une suspension pour une durée limitée et adresser des injonctions à l'administration.

b) Référé liberté

Saisi d'une demande en ce sens justifiée par l'urgence, le juge des référés peut ordonner toutes mesures nécessaires à la sauvegarde d'une liberté fondamentale (art. L. 521-2, C. just. adm.) à laquelle une personne morale de droit public ou un organisme de droit privé chargé de la gestion d'un service public aurait porté, dans l'exercice d'un de ses pouvoirs, une atteinte grave et manifestement illégale (art. L 521-2, C. just. adm.).

Le juge des référés se prononce dans un délai de 48 heures.

Ce référé peut être introduit sans qu'un recours au fond ait été déposé.

Trois conditions cumulatives (*CE, réf., 12 janv. 2001, Mme Hyacinthe*) doivent être réunies pour que le juge puisse prononcer ce référé :

- une demande justifiée par l'urgence ;
- une liberté fondamentale ;
- une atteinte grave et manifestement illégale portée à cette liberté.

L'urgence doit s'apprécier au regard du délai de 48 heures imparti au juge du référé liberté pour statuer (*CE, 28 févr. 2003, Commune de Pertuis*). Elle ne doit pas être imputable au demandeur qui a tardé, sans raison, à agir (*CE, réf., 3 janv. 2003, Soc. Kerry*).

La notion de liberté fondamentale recouvre toutes les grandes libertés constitutionnellement ou conventionnellement proclamées et garanties, sans s'y cantonner (libre administration des collectivités territoriales : *CE, sect., 18 janv. 2001, Commune de Venelles, Morbelli* ; secret des correspondances, liberté du travail, liberté du culte, respect du caractère pluraliste des courants de pensée et d'opinion à la radio et à la télévision...).

Le juge du référé-liberté est compétent pour faire cesser une voie de fait (*CE, 23 janv. 2013, Commune de Chirongui*).

Le droit à l'hébergement d'urgence est une liberté fondamentale, dont on peut se prévaloir dans le cadre d'un référé liberté, mais l'État n'a en la matière qu'une obligation de moyens (*CE, ord. réf., 10 févr. 2012, Karamoko Fofana*).

En cas de péril pour la vie, le juge administratif des référés peut être saisi soit d'un référé mesures utiles, soit d'un référé liberté, le droit au respect de la vie constituant une liberté fondamentale au sens de l'article L. 521-2 du Code de justice administrative (*CE, sect., 16 nov. 2011, Ville de Paris et SEM PariSeine*).

L'atteinte grave et manifestement illégale portée à la liberté doit être directe et personnelle à l'auteur de la demande. Son existence s'apprécie au regard des motifs et de l'objet de la décision (*CE, sect., 28 févr. 2001, Casanovas*).

L'illégalité constatée doit présenter un lien direct avec la gravité de ses effets au regard de la liberté fondamentale en cause (*CE, ord., 12 nov. 2001, Commune de Montreuil-Bellay ; – ord., 27 oct. 2011, Ministre de l'intérieur c/Sultanyan*).

Lorsque les conditions sont remplies, le juge prend toutes les mesures nécessaires, de nature à faire disparaître les effets de l'atteinte à la liberté. Ces mesures doivent en principe présenter un caractère provisoire, s'appréciant au regard de leur objet et de leurs effets, en particulier de leur caractère réversible (*CE, réf., 1er mars 2001, Paturel*).

c) Référé mesures utiles

En cas d'urgence et sur simple requête qui sera recevable même en l'absence de décision administrative préalable, le juge des référés peut ordonner toutes autres mesures utiles sans faire obstacle à l'exécution d'aucune décision administrative (art. L. 521-3, C. just. adm.). La demande ne doit pas être manifestement insusceptible de se rattacher à un litige relevant de la compétence du juge administratif. Il doit y avoir urgence à ce que le juge statue.

Cette procédure concerne surtout la communication de décisions et documents administratifs et l'expulsion d'occupants sans titre du domaine public ou de locaux d'un service public administratif. Elle peut aussi servir à donner force exécutoire à une décision administrative qui en est dépourvue et à faire enjoindre par le juge diverses mesures (cessation d'extractions irrégulières de matériaux dans le lit d'un cours d'eau domanial, restitution par un entrepreneur de travaux publics des matériels retirés du chantier où il travaillait, mise à la disposition de la commune par son concessionnaire de service public de la benne permettant d'assurer la continuité du ramassage des ordures ménagères...). En cas de dommages liés à un ouvrage ou à des travaux publics, le juge des référés peut prononcer une injonction à l'égard de l'administration, par exemple lui enjoindre de réaliser tous les travaux indispensables à la mise en sécurité d'un bâtiment (*CE, sect., 18 juill. 2006, Mme Labat*). Le juge des référés peut enjoindre à une commune de prendre les mesures conservatoires de nature à faire cesser un dommage grave et immédiat imputable à la carence du maire dans l'exercice des pouvoirs de police qui lui sont confiés par le Code de la construction et de l'habitation afin de faire cesser le péril résultant d'un bâtiment menaçant ruine (*CE, 8 mars 2010, Djoudar*). Il peut ordonner au cocontractant de l'administration de prendre à titre provisoire toute mesure nécessaire pour assurer la continuité du service public ou son bon fonctionnement, à condition que cette mesure soit utile, justifiée par l'urgence, ne fasse obstacle à l'exécution d'aucune décision administrative et ne se heurte à aucune contestation sérieuse. Les obligations du cocontractant doivent être appréciées à partir du contrat, mais également en tenant compte, le cas échéant, de l'exercice par l'autorité administrative du pouvoir de modification unilatérale dont elle dispose en vertu des règles générales applicables aux contrats administratifs (*CE, 5 juil. 2013, Soc. Veolia transport Valenciennes Transvilles*).

L'octroi de ce référé est subordonné à l'urgence, l'utilité et l'absence d'obstacle à l'exécution d'une décision administrative (art. L. 521-3, C. just. adm.). Est dépourvue d'utilité une demande de référé communication de pièces dès lors qu'un recours au fond a déjà été formé, le juge saisi du litige pouvant faire usage de ses pouvoirs généraux d'instruction pour ordonner, le cas échéant, les communications qui lui paraissent nécessaires à la solution du litige (*CE, 20 févr. 2012, A.*). Le juge y ajoute l'absence de toute contestation sérieuse (*CE, 23 sept. 2005, Commune de Cannes c/Soc. immobilière du second port de Cannes ; – 22 juil. 2011, Région Île-de-France*).

Les autres référés généraux ne sont pas soumis à la condition d'urgence.

■ *Autres principaux référés généraux*

a) Référé constat

Le référé constat permet au particulier de saisir le juge afin qu'il désigne un expert, chargé de constater sans délai des faits susceptibles de donner lieu à un litige devant la juridiction administrative (art. R. 531-1, C. just. adm.). Son intérêt est de constituer et de préserver des preuves. L'expert a seulement pour mission de consigner, par tout moyen, ce qu'il aura vu ou entendu en se rendant sur place. Il ne saurait se livrer à une quelconque appréciation juridique.

Deux conditions doivent être remplies pour obtenir ce référé. L'article R. 531-1 exige que les faits à constater soient susceptibles de donner lieu à un litige devant la juridiction, condition que le juge apprécie libéralement. La jurisprudence exige en outre que la demande soit utile, condition que le juge apprécie également de façon libérale. Néanmoins, la demande n'est pas ***utile*** si le demandeur peut faire constater les faits par un huissier mandaté afin de dresser un constat (*CE,*

26 juill. 1982, SA Sous-traitants associés de l'électronique), ou s'il peut obtenir de l'administration les informations qu'il souhaite obtenir (*CE, 23 juin 2006, Douglas*).

b) Référé instruction

Le référé instruction, particulièrement utile dans les contentieux de la responsabilité hospitalière, des dommages de travaux publics ou de désordres constatés sur des constructions, tend au prononcé de mesures d'expertise ou d'instruction.

Il permet au juge d'ordonner « *toute mesure utile d'expertise ou d'instruction* » (art. R. 532-1, C. just. adm.).

En pratique, il est principalement utilisé pour obtenir la désignation par le juge d'un expert, afin que le juge du fond, lorsqu'il sera saisi s'il ne l'est déjà, dispose des éléments lui permettant de trancher le litige en toute connaissance de cause.

Pour l'obtenir, le requérant doit démontrer que la mesure qu'il sollicite est utile à la solution du litige. Il doit apporter la preuve que la mesure sollicitée est susceptible de se rattacher à un litige, même éventuel, et constitue le seul moyen d'établir des faits qui présentent un intérêt pour son règlement (*CE, sect., 11 févr. 2005, Organisme de gestion du cours du Sacré-Cœur et autres*).

La mission de l'expert ne peut ici encore porter que sur des questions de fait et non de droit. Néanmoins, l'expert peut recevoir mission de concilier, autant que possible, les parties (art. R. 621-1, C. just. adm.).

c) Référé provision

Le créancier d'une personne publique peut obtenir le versement d'une provision en prouvant simplement que l'existence de l'obligation dont il se prévaut n'est pas sérieusement contestable (art. R. 541-1, C. just. adm.). Cela signifie qu'il ne doit y avoir, dans l'esprit du juge, aucun doute sérieux sur l'existence de la créance alléguée.

Cette requête est recevable même en l'absence de recours au fond.

L'ordonnance de référé provision peut clore le litige en l'absence de réaction de la personne publique.

Le montant de la provision allouée au demandeur correspond à la partie non contestable de la créance et peut donc être inférieur à la somme réclamée.

Le juge peut, même d'office, subordonner le versement de la provision à la constitution d'une garantie, pour éviter qu'en cas d'appréciation divergente du juge du fond éventuellement saisi, la provision ne puisse être remboursée à la personne publique défenderesse.

Le juge du référé provision ne saurait trancher de question de droit soulevant une difficulté sérieuse (*CE, 29 janv. 2003, Ministre de l'économie, des finances et de l'industrie*), ni relative à l'illégalité d'un acte opposée par le défendeur (*CE, sect., 16 déc. 2005, Lacroix*).

3 Les référés en matière contractuelle

Le législateur a transposé des dispositions communautaires afin de garantir le respect des exigences de publicité et de mise en concurrence imposées avant la signature de certains contrats de commande publique.

■ *Le référé précontractuel*

Les contrats passés par un pouvoir adjudicateur (art. L. 551-1, C. just. adm.) ou par une entité adjudicatrice (art. L. 551-5, C. just. adm.) en vue d'une délégation de service public ou de la réalisation de travaux, de la livraison de fournitures ou la prestation de services, avec comme contrepartie un prix ou un droit d'exploitation, doivent respecter les exigences de publicité et de mise en concurrence.

Le référé précontractuel vise, à la demande de personnes ayant un intérêt à conclure le contrat et susceptibles d'être lésées par le manquement, à faire sanctionner et, le cas échéant, corriger le plus tôt possible la violation de ces exigences.

S'agissant des contrats passés par des pouvoirs adjudicateurs, le juge peut ordonner à l'auteur du manquement de se conformer à ses obligations, suspendre l'exécution de toute décision qui se rapporte à la passation du contrat, sauf s'il estime, en considération de l'ensemble des intérêts susceptibles d'être lésés, et notamment de l'intérêt public, que les conséquences négatives de ces mesures pourraient l'emporter sur leurs avantages. Il peut également annuler ces décisions et supprimer les clauses ou prescriptions destinées à figurer dans le contrat et qui méconnaissent ces mêmes obligations (art. L. 551-2, C. just. adm.).

S'agissant des contrats passés par des entités adjudicatrices, le juge peut ordonner à l'auteur du manquement de se conformer à ses obligations en lui fixant un délai à cette fin. Il peut lui enjoindre de suspendre l'exécution de toute décision se rapportant à la passation du contrat. Il peut, en outre, prononcer une astreinte provisoire courant à l'expiration des délais impartis (art. L. 551-6, C. just. adm.).

Le juge a le pouvoir de prononcer ces mesures d'office. Dans ce cas, il doit en informer préalablement les parties et les inviter à présenter leurs observations (art. L. 551-12, C. just. adm. ; *CE, 20 oct. 2006, Commune d'Andeville*).

Le juge du référé précontractuel ne peut statuer qu'avant la signature du contrat. Si le contrat est signé avant qu'il ne se soit prononcé, la demande devient sans objet (*CE, 3 nov. 1995, CCI de Tarbes*). Mais, à compter du dépôt d'une demande de référé précontractuel et jusqu'à la notification de la décision du juge, le contrat ne peut être régulièrement signé (art. L. 551-4 et L. 551-9, C. just. adm.).

Il appartient au juge des référés précontractuels de rechercher si les manquements dont se prévaut le candidat évincé sont susceptibles, eu égard à leur portée et au stade de la procédure administrative auquel ils se rapportent, de l'avoir lésé ou risquent de le léser, fût-ce indirectement en avantageant un autre entrepreneur (*CE, sect., 3 oct. 2008, SMIRGEOMES*).

Le juge doit tenir une audience publique au cours de laquelle les parties doivent être mises à même de présenter leurs observations orales, en plus de leurs observations écrites (*CE, ass., 10 juin 1994, Commune de Cabourg*). En revanche, les conclusions du rapporteur public ne sont pas prévues (*CE, 16 oct. 2000, Soc. Stereau*), sauf en cas de renvoi à une formation collégiale.

En principe, le juge doit statuer dans un délai de vingt jours à compter de sa saisine (art. R. 551-5, C. just. adm.).

■ *Le référé contractuel*

Ce référé, dirigé contre les mêmes contrats que le référé précontractuel, et ouverts aux mêmes personnes, peut être formé postérieurement à la signature du contrat, et vise lui aussi à faire sanctionner des manquements aux obligations de publicité et de mise en concurrence (art. L. 551-13 et L. 551-14, C. just. adm.).

Il n'est cependant pas ouvert aux personnes ayant fait usage du référé précontractuel, dès lors que le pouvoir adjudicateur ou l'entité adjudicatrice a respecté la période de suspension automatique de la signature et s'est conformé à la décision juridictionnelle rendue sur ce recours.

Le référé contractuel ne peut être exercé à l'égard des contrats dont la passation n'est pas soumise à une obligation de publicité préalable, lorsque le pouvoir adjudicateur ou l'entité adjudicatrice a accompli des formalités qui ont permis l'exercice d'un référé précontractuel par les intéressés (art. L. 551-15, C. just. adm.).

Le délai de saisine du juge des référés contractuels est de trente et un jours à compter de la publication de la décision d'attribution du marché, si cette publication a eu lieu, et de six mois dans le cas contraire.

Le juge peut suspendre l'exécution du contrat pour la durée de l'instance (art. L. 551-17, C. just. adm.). Il peut prononcer la nullité du contrat lorsque les irrégularités les plus graves ont été commises, telle que l'omission des mesures de publicité requises ou la signature du contrat pendant la période de suspension prévue aux articles L. 551-4 ou L. 551-9, privant le demandeur du droit d'exercer un référé précontractuel (art. L. 551-18, C. just. adm.).

Le juge peut préférer prononcer la résiliation du contrat, ou une réduction de sa durée, ou encore une pénalité financière imposée au pouvoir adjudicateur ou à l'entité adjudicatrice, qui doit être proportionnée et ne saurait excéder 20 % du montant hors taxes du contrat (art. L. 551-22, C. just. adm.), si le prononcé de la nullité du contrat se heurte à une raison impérieuse d'intérêt général (art. L. 551-19, C. just. adm.).

Le juge peut décider ces mesures d'office, après avoir organisé un débat contradictoire (art. L. 551-21, C. just. adm).

4 Autres procédures d'urgence au fond

■ *Le référé fiscal*

Le contribuable qui conteste la procédure d'imposition en matière d'impôts directs ou de taxe sur le chiffre d'affaires peut assortir sa réclamation d'une demande de sursis de paiement, afin d'être dispensé de payer l'impôt litigieux dans l'attente de l'examen de sa contestation par l'administration fiscale et, le cas échéant, par le juge. Le sursis de paiement doit être accordé par l'administration dès lors que le contribuable présente des garanties de paiement suffisantes.

Le contribuable peut exercer un référé à l'égard des mesures conservatoires prises par le comptable à défaut de constitution par lui de garanties suffisantes, selon les règles prévues au 5° de l'article L. 277 du Livre des procédures fiscales (art. L. 552-2, C. just. adm.). La recevabilité de la demande est subordonnée à la consignation, auprès du comptable public, d'une somme égale au dixième des impôts contestés. Si le référé est accueilli par le juge, le contribuable bénéficie du sursis de paiement jusqu'à la décision, de l'administration fiscale ou de la juridiction, statuant sur sa réclamation.

Le contribuable qui a saisi le juge de l'impôt de conclusions tendant à la décharge d'une imposition à laquelle il a été assujetti peut également solliciter du juge des référés la suspension de la mise en recouvrement de l'imposition, dès lors que celle-ci est exigible (art. L. 251-1, C. just. adm.). Le prononcé de cette suspension est subordonné à deux conditions : l'existence d'un moyen propre à créer, en l'état de l'instruction, un doute sérieux sur la régularité de la procédure d'imposition ou sur le bien-fondé de l'imposition et l'existence d'une urgence justifiant la mesure de suspension sollicitée (*CE, sect., 25 avr. 2001, Ministre de l'Économie, des Finances et de l'Industrie c/SARL Janfin*).

■ *Le référé audiovisuel*

Le président du Conseil supérieur de l'audiovisuel peut saisir le président de la Section du contentieux du Conseil d'État statuant en référé afin qu'il ordonne au responsable d'un service audiovisuel de se conformer à ses obligations, de mettre fin à l'irrégularité ou d'en supprimer les effets.

Il appartient au président de la Section du contentieux du Conseil d'État de statuer en urgence après une audience publique, et au besoin sous astreinte, de constater les manquements allégués et, le cas échéant, de prescrire des mesures à caractère conservatoire et d'ordonner toute mesure visant à ce qu'il soit mis fin à l'irrégularité constatée ou à en supprimer les effets (*CE, ord. réf., 19 juill. 2006, Président du CSA c/Soc. Saprodif*).

En outre, il existe de nombreuses procédures de référé et de suspension spéciaux : référé communication électronique, en matière d'informatique et de libertés, suspensions des actes des collectivités territoriales, en matière d'environnement et d'urbanisme (*CE, sect., 16 avr. 2012, Commune de Conflans-Sainte-Honorine*), octroi en urgence d'un logement décent aux personnes qui en sont dépourvues, recours contre les mesures de reconduite d'un étranger à la frontière.

Règles applicables aux principaux référés

	Référé suspension	**Référé liberté**	**Référé mesures utiles**	**Référé constat**	**Référé instruction**	**Référé provision**
Exigence d'un recours principal	Oui	Non	Non	Non	Non	Non
Avocat	En fonction du litige principal	Non	En fonction du litige principal	Non	En fonction du litige principal	Oui
Urgence	Oui	Oui	Oui	Non	Non	Non
Condition de fond	Doute sérieux sur la légalité de la décision	Atteinte grave et manifestement illégale à une liberté fondamentale	Utilité de la mesure	Utilité de la mesure	Utilité de la mesure	Existence d'une obligation non sérieusement contestable

	Suspension	Liberté	Mesures utiles	Constat	Instruction	Provision
Autres conditions	Appréciation de l'opportunité de prononcer la suspension		Ne pas faire obstacle à l'exécution d'aucune décision administrative			
Contradiction	Notification de la requête au défendeur ; bref délai accordé aux parties pour leurs observations	Notification de la requête au défendeur ; bref délai accordé aux parties pour leurs observations	Notification de la requête au défendeur ; bref délai accordé aux parties pour leurs observations	Avis de l'ordonnance rendue donné au défendeur	Notification de la requête au défendeur, fixation d'un délai de réponse	Notification de la requête au défendeur, fixation d'un délai de réponse
Audience publique	Oui, convocation sans délai et par tous les moyens	Oui, convocation sans délai et par tous moyens	Pas obligatoire, sauf si renvoi en formation collégiale	Pas obligatoire, sauf si renvoi en formation collégiale	Pas obligatoire, sauf si renvoi en formation collégiale	Pas obligatoire, sauf si renvoi en formation collégiale
Conclusions du rapporteur public	Non, sauf si renvoi en formation collégiale	Non, sauf si renvoi en formation collégiale	Non, sauf si renvoi en formation collégiale	Non, sauf si renvoi en formation collégiale	Non, sauf si renvoi en formation collégiale	Non, sauf si renvoi en formation collégiale
Voies de recours	Pourvoi en cassation	Appel devant le Conseil d'État	Pourvoi en cassation	Appel devant la cour administrative d'appel	Appel devant la cour administrative d'appel	Appel devant la cour administrative d'appel

L'instruction

Chapitre 9

L'instruction, en principe obligatoire pour chaque requête, consiste à mettre l'affaire en état d'être jugée. Sa dispense n'est prévue qu'au cas où il apparaît, au vu de la requête introductive d'instance, que la solution de l'affaire est d'ores et déjà certaine. Des « incidents » peuvent se produire.

1 Le déroulement normal de l'instruction

La durée de l'instruction est fixée souverainement par le président de la juridiction ou de la sous-section au Conseil d'État. Certaines circonstances conduisent le juge à accélérer l'instruction ou même à s'en dispenser.

■ *Dispense d'instruction et instruction accélérée*

a) Dispense d'instruction

Lorsqu'il apparaît au vu de la requête que la solution est d'ores et déjà certaine, le président de la juridiction, ou de la formation de jugement, peut décider qu'il n'y a pas lieu à instruction (art. R. 611-8, C. just. adm.). La requête doit être communiquée aux défendeurs, sauf si la décision à intervenir n'est pas susceptible de leur porter préjudice, ce qui est le cas des décisions de rejet (*CE, sect., 5 avr. 1996, Syndicat des avocats de France*).

b) Instruction accélérée

Le juge peut se dispenser de certaines étapes de l'instruction, lorsque les circonstances lui paraissent exiger de statuer plus vite.

Instruction proprement dite

L'instruction est entièrement diligentée par le juge. Dès l'enregistrement de la requête au greffe, le président du tribunal administratif désigne un rapporteur, qui fixe, sous son autorité, les délais de production des mémoires et observations par ordonnance. Le président de la cour administrative d'appel répartit les affaires entre les chambres et attribue les dossiers aux rapporteurs.

Au Conseil d'État, le président de la Section du contentieux répartit les affaires entre les sous-sections. S'il confie un dossier à la section, il désigne le rapporteur et le rapporteur public. Lorsque la requête ne mentionne pas l'intention du requérant de présenter un mémoire complémentaire, l'instruction est immédiatement engagée (art. R. 611-21, C. just. adm.). Si elle mentionne cette intention, la production annoncée doit parvenir au secrétariat du contentieux dans le délai de trois mois à compter de la date d'enregistrement de la requête. Si ce délai n'est pas respecté, le requérant est réputé s'être désisté à sa date d'expiration et le Conseil d'État en donne acte (art. R. 611-22, C. just. adm.). Il existe des délais plus courts (contentieux électoral, procédures d'urgence...).

Les décisions prises pour l'instruction sont notifiées aux parties, en même temps que les copies des requêtes, mémoires et pièces déposés au greffe. La juridiction doit informer les parties de la communication des pièces nouvelles produites en cours d'instance, sans être jointes à un mémoire, sauf si elles n'apportent aucun élément nouveau (*CE, 8 avr. 1994, Ville de Savigny-le-Temple*). Le délai d'information doit être suffisant pour permettre aux parties de prendre connaissance des pièces et présenter des observations si elles le souhaitent.

Lorsque la décision lui paraît susceptible d'être fondée sur un ***moyen relevé d'office***, le président de la formation de jugement, ou le président de la sous-section chargée de l'instruction au Conseil d'État, en informe les parties avant la séance de jugement et fixe le délai dans lequel elles peuvent, sans qu'y fasse obstacle la clôture éventuelle de l'instruction, présenter leurs observations sur le moyen communiqué.

Lorsque la formation de jugement entend relever d'office un moyen d'ordre public qui n'a pas été invoqué par les parties ni relevé avant la séance de jugement, elle doit rayer l'affaire du rôle et communiquer le moyen aux parties (*CE, sect., 30 oct. 1992, Ministre des affaires étrangères c/ Association de sauvegarde du site Alma Champ-de-Mars*). L'information donnée aux parties doit être suffisamment précise pour leur permettre de discuter utilement ce moyen.

Demande de régularisation et mise en demeure

Le juge fixe les délais d'instruction, qui ne sont jamais des délais de rigueur établis à peine de nullité ou d'irrecevabilité.

a) Demande de régularisation

La juridiction ne peut rejeter des conclusions entachées d'une irrecevabilité susceptible d'être couverte après l'expiration du délai de recours, en relevant d'office cette irrecevabilité, qu'après avoir invité leur auteur à les régulariser (art. R. 612-1, al. 1, C. just. adm.). La demande de régularisation doit mentionner que, à défaut de régularisation, les conclusions pourront être rejetées comme irrecevables dès l'expiration du délai imparti, qui ne peut être inférieur à quinze jours, sauf urgence. La demande de régularisation peut, dans certains cas, prendre la forme d'une mise en demeure (exigence de copies de la requête ou de la décision attaquée, de ministère d'avocat).

b) Mise en demeure

En demande, la mise en demeure est adressée par le président de la formation de jugement et, au Conseil d'État, par le président de la sous-section chargée de l'instruction. Elle mentionne explicitement la sanction encourue par le requérant s'il ne produit pas le mémoire complémentaire annoncé. Toutefois, au Conseil d'État, le requérant échappe au désistement d'office s'il annonce avant l'expiration du délai qu'il n'entend plus produire de mémoire complémentaire (*CE, sect., 26 juill. 1996, Soc. entrepositaire parisienne*).

En défense, position de l'administration le plus souvent, la mise en demeure est rare. Après celle-ci, le défendeur est réputé avoir acquiescé aux faits exposés dans la requête (art. R. 612-6, C. just. adm.), mais le juge se montre indulgent vis-à-vis de l'administration et recherche si les allégations du requérant quant aux faits ne sont pas contredites par les pièces du dossier.

■ *Clôture de l'instruction*

Au Conseil d'État, l'instruction est automatiquement clôturée soit après que les avocats au Conseil d'État ont formulé leurs observations orales, soit, en l'absence d'avocat, après appel de l'affaire à l'audience (art. R. 613-5, C. just. adm.). Au tribunal administratif, le président de la juridiction apprécie en général à quel moment appeler l'affaire au rôle, après que le rapporteur ait remis sa note (art. R. 711-1, C. just. adm.).

Le président de la formation de jugement a le choix entre deux systèmes de clôture :

- ***la clôture sans ordonnance*** intervient en principe de façon automatique trois jours francs avant la date de l'audience (art. R. 613-2, C. just. adm.), délai se décomptant à rebours à partir du jour de l'audience, qui n'est pas compté. La réception de l'avis d'audience, qui doit parvenir aux parties au moins sept jours avant l'audience, avise de la clôture de l'instruction (art. R. 711-2, C. just. adm.). Lorsque le juge est saisi d'un mémoire émanant d'une partie postérieurement à la clôture, il doit prendre connaissance de ce mémoire et le viser sans l'analyser. Il a toujours la faculté, dans l'intérêt d'une bonne justice, d'en tenir compte, après l'avoir visé et, cette fois, analysé, mais il n'est tenu de le faire à peine d'irrégularité de sa décision que sous certaines conditions ;

– ***la clôture par ordonnance*** du président est facultative. Avant toute mise en état et dès l'ouverture de l'instruction, lorsque les circonstances de l'affaire le justifient, le président de la formation de jugement peut prendre une ordonnance de clôture (art. R. 613-1, C. just. adm.), fixant la date à laquelle l'instruction sera close (art. R. 611-11 et R. 611-18, C. just. adm.). Lors de la notification de cette ordonnance, les parties sont avisées de la date prévue pour l'audience, mais la juridiction doit envoyer en temps utile une convocation à l'audience, dont la date peut être différente de celle figurant dans l'ordonnance.

Lorsque l'instruction est terminée et l'affaire en état d'être jugée, le président de la formation de jugement peut fixer la date à partir de laquelle l'instruction sera close (art. R. 613-1, C. just. adm.). La clôture intervient alors en cours d'instance par ordonnance, qui doit être notifiée aux parties.

Les mémoires produits après la clôture de l'instruction ne donnent pas lieu à communication et ne sont pas examinés par la juridiction. Si les parties présentent avant la clôture de l'instruction des conclusions nouvelles ou des moyens nouveaux, la juridiction ne peut les adopter sans ordonner un supplément d'instruction (art. R. 613-3, C. just. adm.), qui ne seront ni notifiés à l'adversaire, ni pris en considération par la juridiction. Cependant, la juridiction doit ordonner un supplément d'instruction si elle envisage d'adopter des conclusions nouvelles, ou des moyens nouveaux, contenus dans des mémoires parvenus avant la clôture de l'instruction (art. R. 613-3, C. just. adm.). Des notes en délibéré peuvent être déposées après les conclusions du rapporteur public, donc après la clôture de l'instruction (*CE, sect., 27 févr. 2004, Préfet des Pyrénées-Orientales*).

■ *Réouverture de l'instruction*

Le président de chambre peut rouvrir l'instruction par ordonnance (art. R. 613-4, C. just. adm.), s'il apparaît utile d'admettre les parties à présenter de nouvelles écritures avant le jugement. Le Conseil d'État fait une lecture stricte des cas de réouverture de l'instruction lorsqu'une des parties produit, après l'audience, des éléments potentiellement déterminants pour l'issue du litige (*CE, 11 mai 2011, Soc. Barthas immobilier*).

La décision du tribunal ordonnant un supplément d'instruction rouvre automatiquement l'instruction déjà clôturée (art. R. 613-4, al. 2, C. just. adm.). Le juge est tenu de rouvrir l'instruction si une note en délibéré contient soit l'exposé d'une circonstance de fait dont la partie qui l'invoque n'était pas en mesure de faire état avant la clôture de l'instruction, soit d'une circonstance de droit nouvelle ou que le juge devrait relever d'office (*CE, 28 déc. 2005, Ville de Dôle c/Rigaud*).

Le juge a l'obligation, lorsque le requérant invoque à son bénéfice, dans un mémoire produit postérieurement à la clôture de l'instruction, une décision du Conseil d'État intervenue peu avant la clôture, de tenir compte de ce mémoire et de rouvrir l'instruction (*CE, 22 mai 2013, B.*). Lorsqu'il est amené à régler un litige sur un autre terrain juridique que celui débattu par les parties en raison d'une décision du Conseil d'État intervenue postérieurement à la clôture de l'instruction, le juge doit soit rouvrir l'instruction et inviter les parties à s'exprimer sur les conséquences à tirer de la décision du Conseil d'État, soit juger, par un arrêt avant-dire droit, qu'il entend régler le litige, compte tenu de cette décision, sur un nouveau terrain et demander en conséquence aux parties de formuler leurs observations sur ce terrain (*CE, sect., 19 avr. 2013, Chambre de commerce et d'industrie d'Angoulême*).

2 Les incidents de l'instruction

Les parties peuvent modifier leurs demandes en cours d'instance, des tiers être appelés au procès ou y intervenir de leur propre mouvement, à l'appui de la demande ou de la défense.

■ *Demandes incidentes ou additionnelles*

Une demande incidente se greffe sur une autre demande, antérieure dans le temps et ontologiquement principale. Elle peut être présentée à tout moment de l'instance. Elle est jointe au principal pour y être statué par la même décision. Le tribunal territorialement compétent pour connaître d'une demande incidente est celui qui est saisi de la demande principale (art. R. 312-3, C. just. adm.).

a) Demande additionnelle du demandeur

En cours d'instance, le demandeur augmente ses conclusions initiales. Les conclusions véritablement nouvelles ne sont recevables que si aucune fin de non-recevoir ne peut leur être opposée. Si l'instruction est close, les conclusions incidentes sont écartées. Sinon, l'instruction de la demande incidente a lieu dans les mêmes formes que celle de la requête (art. R. 631-1, C. just. adm.).

b) Demandes incidentes du défendeur, ou conclusions reconventionnelles

La demande reconventionnelle, qui peut être présentée sans condition de délai au cours de l'instruction, est une contre-attaque du défendeur au demandeur. Le défendeur formule une demande dirigée contre son adversaire. Une demande reconventionnelle n'est recevable que si elle relève, par sa nature et son objet, de la compétence de la juridiction administrative. Des conclusions reconventionnelles sont irrecevables en principe dans le cadre d'un recours pour excès de pouvoir (*CE, sect., 22 janv. 1954, Pacha; – 25 mars 2013, Assoc. Les Ailes Varoises*), en matière électorale, de contravention de grande voirie, en contentieux disciplinaire et dans le contentieux des autorisations de plaider.

Les conclusions reconventionnelles ne sont recevables que si elles ne soulèvent pas un litige distinct de celui soumis au juge par les conclusions principales.

c) Demandes incidentes émanant de tiers, ou interventions

L'intervention volontaire est le fait pour une personne qui n'est ni partie ni représentée, ni mise en cause, de se joindre spontanément à une instance principale engagée pour autrui, aux fins soit de lui apporter son appui, soit de contrarier cette action.

L'intervention est recevable tant que l'instruction n'est pas close, alors même que l'affaire serait en état d'être jugée. Elle doit être formée par mémoire distinct et motivée. L'intervenant doit adopter les mêmes conclusions que le demandeur ou le défendeur, selon le cas.

L'intérêt à intervenir est largement entendu en excès de pouvoir. En plein contentieux, sont recevables à former une intervention les personnes qui justifient d'un « *intérêt suffisant* » eu égard à la nature et à l'objet du litige, même si elles ne font pas état d'un droit lésé (*CE, sect., 25 juill. 2013, OFPRA*). L'intervenant doit en outre invoquer un droit distinct des droits défendus par les parties au litige.

■ *Intervention forcée ou mise en cause*

Une partie demande au juge de faire entrer un tiers dans le débat contentieux, afin que son résultat lui soit opposable, alors que ce tiers n'a pas souhaité s'y joindre volontairement.

a) Mise en cause

Le demandeur appelle en cause sur l'instance un ou plusieurs défendeurs supplémentaires dans l'instance afin d'obtenir contre lui, ou contre eux, une condamnation qu'il craint de ne pas obtenir contre le défendeur premier cité ou d'obtenir une condamnation solidaire des divers défendeurs ou celle de l'un d'entre eux à la place du défendeur principal au cas où ce dernier ne serait pas condamné.

Les organismes de sécurité sociale doivent toujours être appelés en cause dans les litiges tendant à la réparation de dommages corporels pour lesquels des prestations de sécurité sociale sont versées à la victime d'un dommage imputé à une collectivité publique ou à un ouvrage public.

b) Appel en garantie

Le défendeur appelle sur l'instance un tiers, qui prend la position de défendeur, pour faire reporter sur lui tout ou partie de la condamnation éventuellement prononcée contre le défendeur appelant.

c) Appel en déclaration de jugement commun

Une des parties appelle sur l'instance un tiers, afin que celui-ci soit présent au procès et que le jugement lui soit opposable.

■ *Autres incidents de l'instruction*

a) Inscription de faux

Saisie d'une demande d'inscription de faux contre une pièce produite, la juridiction fixe le délai dans lequel la partie qui l'a produite sera tenue de déclarer si elle entend s'en servir. Si cette partie entend se servir de la pièce, la juridiction peut soit surseoir à statuer sur l'instance principale jusqu'à la reddition du jugement du faux par le tribunal compétent soit statuer si elle reconnaît que la décision ne dépend pas de cette pièce. Elle peut aussi statuer au fond, si elle reconnaît que la décision ne dépend pas de la pièce arguée de faux (art. R. 633-1, C. just. adm.).

b) Reprise d'instance et constitution de nouvel avocat

La mort d'une personne physique ou la dissolution d'une personne morale en cours d'instance peut constituer un motif d'interruption de l'instance. Lorsque l'affaire n'est pas en état d'être jugée, la procédure est suspendue. L'interruption se transforme en non-lieu si les héritiers s'abstiennent de reprendre l'instance ou y renoncent expressément.

Devant le Conseil d'État, l'acte de révocation d'un avocat par une partie est sans effet pour la partie adverse, s'il ne contient pas la constitution d'un autre avocat.

c) Désaveu d'avocat

Une partie peut désavouer les actes ou procédures faits en son nom par son avocat lorsqu'ils peuvent influer sur le sens du jugement. L'action en désaveu d'avocat est recevable tant que la décision juridictionnelle sur laquelle les actes désavoués ont eu une influence n'est pas devenue irrévocable (*CE, 17 nov. 2010, Mme Layus-Coustet*).

■ *Suppression des passages injurieux, outrageants ou diffamatoires contenus dans les mémoires*

La suppression de tels passages peut être demandée au juge par les parties ou les tiers qui y ont intérêt. Le juge peut ordonner d'office la suppression de tels passages lorsque l'atteinte est dirigée contre une autorité administrative.

La preuve

CHAPITRE 10

Le fardeau de la preuve pèse sur le requérant, mais le juge ne lui impose pas de faire toute la preuve. Le défendeur doit prouver ses dires. En excès de pouvoir, le requérant doit en pratique apporter des éléments dont la réunion fait planer dans l'esprit du juge un doute sur le bien-fondé de la décision administrative (CE, ass., 28 mai 1954, Barel ; – 24 janv. 1968, Soc. Maison Genestal), le conduisant à mettre les moyens d'investigation dont il dispose au service du requérant.

1 Les procédés de vérification

Afin de forger sa conviction, le juge peut provoquer tout débat, solliciter toute pièce, procéder à l'audition de toute personne, de nature à établir cette conviction. Il doit cependant respecter les droits de la défense et le principe du contradictoire de la procédure.

■ *En matière d'actes*

En principe, le requérant doit appuyer sa prétention de précisions permettant d'en apprécier le bien-fondé (*CE, ass., 12 févr. 1971, Rebatel*).

Si l'administration égare une pièce, le juge peut censurer sa négligence en annulant la décision attaquée.

Il appartient au juge de l'excès de pouvoir de former sa conviction sur les points en litige au vu des éléments versés au dossier par les parties. Il peut écarter les allégations qu'il jugerait insuffisamment étayées. Mais il ne saurait exiger de l'auteur du recours que ce dernier apporte la preuve des faits qu'il avance. Il lui revient, le cas échéant, avant de se prononcer sur une requête assortie d'allégations sérieuses non démenties par les éléments produits par l'administration en défense, de mettre en œuvre ses pouvoirs généraux d'instruction des requêtes et de prendre toutes mesures propres à lui procurer, par les voies de droit, les éléments de nature à lui permettre de former sa conviction, en particulier en exigeant de l'administration compétente la production de tout document susceptible de vérifier les allégations du demandeur (*CE, 26 nov. 2012, Mme Cordière ; – 29 oct. 2013, Vidon*).

En matière de faits

Diverses procédures, non hiérarchisées, permettent de constater des faits.

a) Expertise

L'expertise (art. R. 621-1 à R. 621-14, C. just. adm.) ne peut viser qu'à établir des faits et ne saurait porter sur des questions de droit (*CE, 18 févr. 1955, Soc. auxiliaire de distribution*). Le juge détermine librement l'étendue de la mission de l'expert, mais toujours par rapport aux conclusions des parties.

La mission confiée à l'expert peut aussi viser à concilier les parties (art. R. 621-1, C. just. adm.).

b) Visite des lieux

Un ou plusieurs membres de la juridiction se transportent sur les lieux pour y constater des faits et opérer des vérifications de nature à déterminer le jugement (art. R. 622-1, C. just. adm.). Les conseillers peuvent entendre toute personne, constater tout fait et faire faire en leur présence toutes opérations utiles.

c) Enquête

Ce type d'enquête sert à combler les lacunes de l'information du juge. Elle conduit au recueil de témoignages oraux sur l'ensemble du litige en séance publique ou sur place (art. R. 623-1 à R. 623-8, C. just. adm.).

d) Vérification d'écriture

La juridiction confie, à un ou plusieurs experts, le soin de vérifier des pièces de procédure, le cas échéant en présence d'un de ses membres (art. R. 624-1 et R. 624-2, C. just. adm.).

e) Autres mesures d'instruction

Ces mesures sont prévues aux articles R. 625-1 à R. 625-3 et R. 626-1 à R. 626-4 du Code de justice administrative.

Le juge peut ordonner des vérifications de documents ou des interrogatoires. Les dispositions du Code de procédure civile relatives aux commissions rogatoires sont applicables. La formation de jugement peut, lorsqu'une question technique ne requiert pas d'investigations complexes, charger une personne, qu'elle commet, de lui fournir un avis sur les points qu'elle détermine. Le consultant n'a pas à opérer en respectant une procédure contradictoire à l'égard des parties. Le dossier de l'instance ne lui est pas remis. Son avis est consigné par écrit et communiqué aux parties par la juridiction (art. R. 625-2, C. just. adm.).

La formation chargée de l'instruction peut inviter toute personne, dont la compétence ou les connaissances seraient de nature à l'éclairer utilement sur la solution à donner à un litige, à produire des observations d'ordre général sur les points qu'elle détermine. Cet avis est consigné par écrit et communiqué aux parties. De même, toute personne peut être invitée à présenter des observations orales devant la formation chargée de l'instruction ou la formation de jugement, les parties dûment convoquées (art. R. 625-3, C. just. adm.).

2 Les exceptions au principe

■ *Acquiescement implicite du défendeur selon les textes*

Par l'acquiescement, une partie accepte les prétentions du demandeur ou les énonciations contenues dans un jugement. L'acquiescement est dit d'office ou automatique lorsque le défendeur, mis en demeure de répondre, ne l'a pas fait dans le délai imparti. Il est alors considéré comme ayant acquiescé à la description des faits contenue dans la requête.

■ *Sanction des silences de l'administration*

Lorsque l'administration détient des éléments essentiels de preuve, le juge lui impose de contribuer à la manifestation de la vérité. À défaut, la présomption de légalité de sa décision se transforme en suspicion d'illégalité.

La prise de décision

Chapitre 11

Toute instance appelle en principe le prononcé d'un jugement, dont le contenu est encadré par les textes et la jurisprudence.

1 L'établissement de la décision

Il arrive que le litige ne soit pas résolu, parce que le requérant renonce au procès et à sa solution ou parce que certains événements mettent fin prématurément au procès.

■ *Procédures écourtées*

L'affaire peut s'éteindre pour différentes causes :

- ***désistement***. Le désistement, qui donne à l'instance une fin anticipée, peut être volontaire ou prononcé d'office et apparaître comme une déchéance. Il y a ***désistement d'instance*** lorsqu'un requérant renonce à poursuivre une action qu'il estime mal engagée, mais n'exclut pas de la reprendre. Il y a ***désistement d'action*** quand le requérant renonce définitivement à poursuivre plus avant toute instance sur le litige. Dans ce cas, aucune autre instance ne pourra plus être formée sur la même prétention. En principe, un désistement a le caractère d'un désistement d'instance. Il n'en va autrement que si le caractère de désistement d'action résulte sans aucune ambiguïté des écritures du requérant. Lorsque le dispositif de la décision de justice qui donne acte d'un désistement ne comporte aucune précision sur la nature de ce désistement, ce dernier doit être regardé comme un désistement d'instance (*CE, sect., 1er oct. 2011, Époux Rigat*). Le désistement volontaire, possible à tout moment du procès, est en principe exprès. Il peut être partiel, pur et simple, ou conditionnel. Le désistement d'office pénalise la négligence du requérant à poursuivre le procès. Le désistement prononcé par le juge met un terme au litige. Le jugement rendu sur désistement d'action a un effet absolu entre les parties, celui rendu sur désistement d'instance a un effet relatif ;

- ***acquiescement du défendeur aux prétentions adverses***. Par l'acquiescement, qui n'a pas à être accepté par l'autre partie, une partie accepte soit les prétentions de l'autre, soit les énonciations contenues dans un jugement. L'acquiescement peut être partiel. Il est toujours unilatéral et fait obstacle de façon absolue à ce que la partie qui l'a émis puisse continuer à intervenir dans l'instance. Intervenant après le jugement, il rend impossible contre lui toute voie de recours de son auteur ;
- ***non-lieu***. Le juge oppose aux parties un arrêt du procès. Le ***non-lieu à statuer***, ou non-lieu proprement dit, éteint le procès. Un événement extérieur (satisfaction donnée au requérant, intervention d'une nouvelle règle de droit, d'une validation législative ou d'une décision de justice) rend inutile la fin du procès. Les jugements de non-lieu n'ont pas l'autorité de chose jugée. Le ***non-lieu en l'état***, ou non-lieu en l'état actuel du dossier contentieux, est une suspension de l'instance (décès du requérant, dissolution d'une personne morale, démission d'un avocat, retrait de l'acte attaqué...), qui pourra éventuellement reprendre.

■ *Procédé normal de règlement*

a) Rapport et réviseur

Pour chaque affaire, un conseiller est désigné comme rapporteur (art. R. 732-1, C. just. adm.). Il examine les faits, les moyens, établit des conclusions de rejet ou d'admission du recours, formule en questions les problèmes juridiques soulevés et demande à la juridiction si elle doit admettre les conclusions. Son rapport, obligatoirement écrit, constitue la ***note***. Au Conseil d'État, le dossier, accompagné de la note, est transmis au ***réviseur***, qui prend connaissance du dossier et se fait une opinion sur tous les éléments nécessaires à la solution du litige. Ce travail aboutit à l'adoption par la sous-section d'un projet d'arrêt. Le dossier est transmis au rapporteur public, puis inscrit au rôle.

b) Inscription au rôle

Au tribunal administratif, le rôle (liste des affaires appelées au cours d'une même audience), est arrêté par le président du tribunal. À la cour administrative d'appel, le rôle est préparé par le rapporteur public et arrêté par le président de la cour. Au Conseil d'État, le rôle est préparé par le rapporteur public et arrêté par le président de la formation de jugement.

c) Convocation des parties à l'audience

Au tribunal administratif et à la cour administrative d'appel, toute partie est obligatoirement avertie, par une notification faite par lettre recommandée avec demande d'avis de réception ou par la voie administrative, du jour où l'affaire sera appelée à l'audience (art. R. 711-2, C. just. adm.). Au Conseil d'État, lorsque leur ministère est obligatoire ou, lorsque les requérants ont effectivement constitué avocat, ce dernier est avisé par le secrétariat du contentieux, quatre jours au moins avant la séance, que les affaires pour lesquelles il est inscrit figurent au rôle. Les parties non représentées par un avocat sont informées de l'inscription au rôle de leur affaire.

Si le jugement de l'affaire doit intervenir après le prononcé de conclusions du rapporteur public, les parties ou leurs mandataires sont mis en mesure de connaître avant la tenue de l'audience, le sens de ses conclusions sur l'affaire qui les concerne (art. R. 711-3 et R. 712-1, C. just. adm.). Les parties ou leurs mandataires doivent être mis en mesure de connaître, dans un délai raisonnable avant l'audience, l'ensemble des éléments du dispositif de la décision que le rapporteur public compte proposer à la formation de jugement d'adopter, à l'exception de la réponse aux conclusions qui revêtent un caractère accessoire, notamment celles qui sont relatives à l'application de l'article L. 761-1 du Code de justice administrative. Cette exigence s'impose à peine d'irrégularité de la décision rendue sur les conclusions du rapporteur public.

Devant le tribunal administratif et la cour administrative d'appel, lorsque l'affaire est susceptible d'être dispensée de conclusions du rapporteur public en application de l'article R. 732-1-1, les parties ou leurs mandataires sont mis en mesure de connaître, avant la tenue de l'audience, si le rapporteur public prononce des conclusions et, dans le cas où il n'en est pas dispensé, le sens de ces conclusions (art. R. 711-3, C. just. adm.).

d) Composition de la juridiction

La règle de l'imparité doit être respectée aux séances comme au délibéré. Les juges peuvent faire l'objet de la part des parties de suspicion légitime ou de récusation. Ils peuvent demander à se ***déporter*** s'ils estiment devoir s'abstenir de participer au jugement d'une affaire donnée.

e) Tenue de l'audience

L'audience est publique (art. L. 6, C. just. adm.). La police des débats appartient au président de la juridiction ou de la formation de jugement. Le quorum doit être respecté. La formation doit être strictement composée de la même manière de l'appel de la cause, le jour de l'audience, au moment où le délibéré est ***vidé*** (*CE, 20 juin 1913, Téry*). À l'audience, le rapporteur présente oralement la procédure et les bases (visas) du jugement à rendre. La parole est ensuite donnée aux parties et à leurs avocats, qui expriment leurs observations, rares et rapides au Conseil d'État. Le rapporteur public se lève et prononce ses conclusions lorsque le Code de justice administrative l'impose (art. R. 732-1, C. just. adm.). Il doit conclure effectivement, sans pouvoir s'en remettre à la sagesse du tribunal. L'audience est close lorsqu'il se rassied. Les parties peuvent ensuite présenter, soit en personne, soit par un avocat au Conseil d'État et à la Cour de cassation, soit par un avocat, de brèves observations orales. Postérieurement, toute partie peut adresser au président de la formation de jugement une note en délibéré (art. R. 731-3, C. just. adm.). Le juge doit en prendre connaissance et la viser dans sa décision et éventuellement rouvrir l'instruction et organiser à nouveau un débat contradictoire. Lorsque le rapporteur public ne prononce pas de conclusions, le président donne la parole aux parties après le rapport.

f) Délibéré

Dernière phase de l'instruction, le délibéré, qui a lieu en secret, est obligatoire. Il a lieu hors la présence du rapporteur public (art. R. 732-2, C. just. adm.), sauf au Conseil d'État, où il y assiste, sauf demande contraire des parties, sans prendre part au délibéré (art. R. 733-3, C. just. adm.).

g) Reddition du jugement

Le jugement est adopté au terme du délibéré, sauf si le tribunal rouvre l'instruction ou renvoie l'affaire à une formation plus élevée. Le jugement doit statuer sur la compétence de la juridiction saisie, la recevabilité et l'examen du fond de la requête. Le juge ne peut refuser de juger et doit épuiser sa compétence à l'égard de la requête. Ses jugements doivent être explicites.

Le jugement est rédigé, puis lu en audience publique (« *prononcé* »). La lecture est obligatoire dès lors qu'elle est prévue par un texte. La lecture du dispositif suffit cependant. Elle donne sa date à l'arrêt et épuise le pouvoir du juge. Le délai d'appel ou de pourvoi en cassation se calcule à partir de la date de la lecture.

Le jugement est notifié aux parties, ce qui fait courir le délai de recours contre le jugement.

2 La décision

Les jugements doivent comporter certaines mentions, selon un ordre immuable : visas et mentions, motifs, dispositif, formule exécutoire. Outre la solution du litige, le juge peut se prononcer sur des questions annexes (ex : frais de justice) et ordonner des mesures visant à l'exécution de son jugement.

Différents jugements

Les ***jugements avant dire droit*** sont rendus au cours du procès mais avant le jugement définitif qu'ils préparent normalement. Ils ordonnent des mesures provisoires. Les ***jugements sur le principal*** ont pour but de trancher définitivement et complètement un litige sur le fond du droit. Les ***jugements mixtes*** sont pour partie avant dire droit et pour partie rendus sur le principal.

Un ***jugement déclaratif***, ou ***recognitif***, se borne à reconnaître une situation antérieure existant au moment de l'ouverture de l'instance et à la prendre telle quelle. Par un ***jugement constitutif***, le juge crée par sa décision une situation juridique nouvelle.

Un ***jugement contradictoire*** est rendu après la présentation d'observations écrites par les parties, le cas échéant accompagnées de leur audition à l'audience. Un ***jugement*** est rendu ***par défaut*** lorsque le défendeur n'a pas été entendu, parce qu'il n'a pas produit de défense, ou l'a fait dans des conditions irrégulières.

Un ***jugement en premier ressort*** est susceptible d'appel, contrairement à un ***jugement en dernier ressort***, qui n'est susceptible que d'un recours en cassation.

Un jugement a l'autorité de la chose jugée à l'égard des parties en cause, relativement à l'objet du procès et aux moyens qui y ont été développés et ont été retenus par le juge au soutien nécessaire de sa décision. Un jugement est passé en force jugée s'il est rendu : en premier ressort et qu'aucun appel n'a été interjeté ou si l'appel formé a été rejeté ; en dernier ressort et ne peut faire l'objet que d'un pourvoi en cassation ; par le Conseil d'État.

Contenu de la décision

Traditionnellement, le jugement contient des mentions liminaires (« *Au nom du peuple français* », nom de la juridiction, date, formation de jugement), des visas (mention du caractère public de l'audience, du nom des parties, des requêtes et mémoires, analyse des moyens et conclusions, visa des pièces, des textes applicables, dates d'audience et de lecture, mention des auditions), des motifs (les considérants) et un dispositif (précédé du mot « *décide* », qui règle le procès et organise la notification du jugement), la mention du nom des juges (art. 741-2 à R. 741-6, C. just. adm.).

La juridiction administrative a commencé le 17 juillet 2013, suite au rapport du Président Martin sur la rédaction des décisions de justice, à modifier la rédaction des arrêts. Elle abandonne le principe de la phrase unique qui commence par les visas de la requête, des mémoires et des textes, ainsi que l'usage systématique d'un considérant en tête de chaque alinéa. Ne font l'objet de visas que les pièces du dossier et les textes applicables. La décision est divisée en deux grandes parties. La première débute par la formule « *Vu la procédure suivante* : », décrit brièvement la procédure contentieuse antérieure et la procédure devant le Conseil d'État, vise « *les autres pièces du dossier* » et « *le Code de justice administrative* » pour se terminer par la mention des auditions. La seconde, rassemblée sous la formule « *Considérant ce qui suit* : » apporte une réponse au pourvoi. Dans ce « *considérant* » unique, le Conseil d'État décrit la procédure, analyse les faits et les moyens et en tire la conclusion. Il répond ainsi par une succession de phrases, constituant chacune un alinéa, à chacun des moyens, avant de tirer sa conclusion dans le dispositif de son arrêt. Si la rédaction plus moderne et le style plus littéraire permettent une lecture plus aisée de l'arrêt, l'abandon du « *considérant de principe* » peut rendre plus délicate l'appréhension de la règle posée par le juge.

■ *Notification de la décision*

Les expéditions des décisions, revêtues de la formule exécutoire, sont signées et délivrées par le greffier en chef ou le secrétaire du contentieux au Conseil d'État (art. R. 751-2, C. just. adm.). Elles sont en principe notifiées le même jour à toutes les parties (art. R. 751-1, C. just. adm.).

■ *Pouvoirs et devoirs du juge*

Le juge doit statuer sur toutes les conclusions qui lui sont présentées (*omnia petita*), mais seulement sur ces conclusions (*non ultra petita*). Il doit trancher à l'égard de tous les moyens dont il a été saisi et décider sur tous les chefs de conclusions présentés par les parties. Il n'a pas à répondre aux moyens irrégulièrement présentés ou inopérants. Le juge ne doit statuer que sur les moyens et conclusions qui lui sont présentés. Il ne peut accorder aux parties davantage que ce qu'elles demandent. Ceci conduit le juge à considérer comme irrecevables des demandes d'annulation partielle dans le cas d'un acte indivisible.

Sauf en matière électorale, le juge ne peut soulever des conclusions d'office. *A priori*, il est aussi lié par les moyens présentés, avec le correctif des moyens d'ordre public.

Le juge peut moduler dans le temps les effets de l'annulation de l'acte qu'il prononce. S'il apparaît que l'effet rétroactif de celle-ci est de nature à emporter des conséquences manifestement excessives en raison des effets que l'acte annulé a produits et des situations qui ont pu se constituer lorsqu'il était en vigueur, ainsi que de l'intérêt général qui peut s'attacher à un maintien temporaire de ses effets, le juge doit apprécier s'il doit être dérogé à titre exceptionnel au principe de l'effet rétroactif des annulations contentieuses. Dans l'affirmative, il prévoit que, sous réserve des actions contentieuses engagées à la date de sa décision contre les actes pris sur le fondement de l'acte annulé, tout ou partie des effets de cet acte antérieurs à l'annulation devra être regardé comme définitif. Il peut décider que l'annulation ne prendra effet qu'à une date ultérieure qu'il détermine, ou à l'expiration d'un délai qu'il fixe, à compter de la notification du jugement à l'administration (*CE, ass., 11 mai 2004, Association AC !*).

Il arrive au juge de « sauver » l'acte de l'annulation, notamment en recourant à une substitution de base légale (substitution du fondement correct au fondement irrégulier retenu par l'administration : *CE, sect., 3 déc. 2003, Préfet de Seine-Maritime c/El Bahi*) ou à la substitution de motifs (le juge remplace un motif juridiquement erroné invoqué par l'administration par un motif juridiquement correct : *CE, 19 juin 2006, Association « Mission du plein évangile-La porte ouverte chrétienne »*). En outre, l'administration peut invoquer devant le juge de nouveaux motifs au soutien de la décision attaquée et il revient en ce cas au juge d'apprécier, d'une part, si le nouveau motif est de nature à fonder valablement la décision, d'autre part, si la décision administrative eut été la même en présence de ce motif s'il avait été le motif initial (*CE, sect., 6 févr. 2004, Hallal*). Cette substitution ne peut être opérée que si elle ne prive pas le requérant d'une garantie procédurale légale (*CE, 12 janv. 2004, SARL Bar Brasserie du Parvis*). Lorsque l'acte repose sur plusieurs motifs, les uns légaux et les autres illégaux, le juge n'annule l'acte que si le, ou les motifs déterminants, ceux à défaut desquels l'administration n'aurait pas pris la même décision, sont illégaux.

En plein contentieux, le juge peut accorder au requérant certaines choses que l'administration lui avait refusées (indemnisation, restitutions, remise en état des lieux...).

Lorsque le président de la juridiction ou le président de la Section du contentieux du Conseil d'État constate que la minute d'un jugement est entachée d'une erreur ou d'une omission matérielle non susceptible d'avoir exercé une influence sur le jugement de l'affaire, il peut y apporter, par ordonnance rendue dans le délai d'un mois à compter de la notification aux parties, les corrections que la raison commande (art. R. 741-11, C. just. adm.).

■ *Frais de justice et amende pour recours abusif*

Dans toutes les instances, le juge condamne la partie tenue aux dépens (timbre fiscal, frais d'expertise, d'enquête et de toute autre mesure d'instruction dont les frais ne sont pas à la charge de l'État) ou, à défaut, la partie perdante, à payer à l'autre partie la somme qu'il détermine, au titre des frais exposés et non compris dans les dépens (art. L. 761-1, C. just. adm.). Les frais de justice sont les dépenses que l'organisation du procès occasionne aux parties. Ne sont pas compris dans les dépens les honoraires d'avocats, les frais de recherche, de constitution de dossier, de constat ou de signification d'huissier... Les dépens se réduisent aux frais d'enquête, d'expertise et autres mesures d'instruction dont les frais ne sont pas à la charge du Trésor public. La liquidation des dépens est faite par ordonnance du président de la juridiction.

Une personne publique qui n'a pas eu recours au ministère d'avocat peut néanmoins demander au juge l'application de l'article L. 761-1 au titre des frais spécifiques exposés par elle à l'occasion de l'instance (*CE, 30 nov. 2007, Soc. L'immobilière Groupe Casino*). Mais elle ne saurait, pour obtenir une condamnation aux frais non compris dans les dépens, se borner à faire état d'un surcroît de travail de ses services (*CE, 22 juill. 1994, Chambre syndicale du transport aérien ; – 3 oct. 2012, Ministre de la défense c/Soc. Arx*).

L'amende pour recours abusif peut être infligée au plaideur importun au nom des intérêts de la justice, sur l'initiative du seul juge. Son montant ne peut excéder 3 000 euros (art. R. 741-12, C. just. adm.).

Les effets de la décision

CHAPITRE
12

Les effets de la décision de justice varient selon sa nature, selon la nature de l'autorité dont elle est revêtue et selon les personnes. Le juge peut, sur demande du requérant, contraindre la partie condamnée à exécuter la décision.

1 La chose jugée

Le jugement rendu a force de vérité légale. C'est l'autorité de chose jugée, qui ne s'attache qu'aux décisions qui tranchent le fond, et non à celles qui ne sont qu'interlocutoires. Cette autorité concerne le dispositif, qui exprime la décision de justice, et peut s'attacher à ceux des motifs qui en sont le soutien nécessaire, sans lesquels ce dispositif serait incompréhensible ou inapplicable. Normalement, cette autorité est relative, elle ne vaut que pour le litige soumis au juge. Mais certaines décisions sont revêtues de l'autorité absolue de chose jugée : jugements prononçant une annulation sur recours pour excès de pouvoir, en matière électorale et rendus dans le contentieux des contraventions de grande voirie.

■ *Notion et effets*

Dans le plein contentieux, l'admission du recours a en principe l'effet relatif de chose jugée.

Dans le contentieux de l'excès de pouvoir, les effets de la chose jugée varient :

- ***irrecevabilité ou rejet***. L'effet du jugement n'a lieu qu'*inter partes*. C'est l'effet relatif de la chose jugée. Un recours aux mêmes fins peut être tenté, par d'autres requérants, et aboutir ;
- ***annulation***. Le jugement est doté de l'autorité absolue de chose jugée. L'exception de chose jugée est d'ordre public (*CE, 6 juin 1958, Chambre de commerce d'Orléans*). L'acte annulé disparaît rétroactivement de l'ordonnancement juridique. L'administration doit remettre les

choses en l'état, comme s'il n'avait jamais existé (*CE, 26 déc. 1925, Rodière*). Les personnes ayant formé un recours contre cet acte se désisteront, faute de quoi le juge prononcera un non-lieu à statuer.

■ *L'autorité de chose jugée par le juge pénal*

Elle ne s'impose au juge administratif qu'en ce qui concerne les constatations de fait retenues par le juge répressif et qui sont le support nécessaire de sa décision (*CE, 13 oct. 1954, Letourneur*). Cette autorité est absolue. Mais les qualifications juridiques opérées n'ont pas autorité de chose jugée à l'égard du juge administratif, sauf lorsque la légalité d'une décision administrative est subordonnée à la condition que les faits qui lui servent de fondement constituent une infraction pénale.

2 Les effets

La décision emporte des effets sur l'administration, sur le juge qui a statué, ainsi que sur les autres juridictions et éventuellement sur des tiers au litige.

■ *Sur l'administration*

Le juge ne peut qu'annuler l'acte entrepris. Il renvoie devant l'administration pour voir ordonner les mesures d'exécution que comporte sa décision. Il peut cependant insérer une injonction dans sa décision rendue au principal.

L'administration doit exécuter le jugement en prenant les mesures qui s'imposent : versement d'indemnités, octroi d'une autorisation... Sinon, un recours en indemnité est possible. Le requérant peut aussi solliciter le prononcé d'une injonction, au besoin sous astreinte.

L'administration peut refaire des actes annulés pour illégalité externe. L'annulation d'un acte peut commander celle d'autres actes.

■ *Sur d'autres organes*

En rendant sa décision, le juge opère son dessaisissement. Il épuise son pouvoir de juridiction.

Une juridiction administrative saisie de la même affaire doit prononcer un non-lieu à statuer.

Les tiers ne peuvent plus invoquer ni attaquer un acte annulé. Si leurs intérêts sont atteints, ils peuvent former tierce opposition.

Le législateur peut, dans une certaine mesure, régulariser *a posteriori* ce qui a été annulé (*Cons. const., 22 juill. 1980*).

3 L'exécution

Les jugements sont immédiatement exécutoires (art. L. 11, C. just. adm.), dès leur notification, même si appel a été interjeté.

Principe du caractère exécutoire des jugements

Les voies d'exécution contre les parties privées ne sont pas utilisables, mais le juge et le requérant disposent de moyens pour obtenir de l'administration l'exécution des jugements prononcés à son encontre.

Mais le juge reconnaît à l'administration un délai raisonnable (d'un à quatre mois) pour procéder à l'exécution. Un sursis à exécution peut être sollicité en attendant qu'il soit statué sur l'appel ou le pourvoi en cassation. L'administration peut interroger le juge sur la façon dont elle doit exécuter sa décision.

Moyens traditionnels de vaincre l'inertie de l'administration

Le juge sanctionne depuis longtemps l'inexécution des décisions de justice comme constituant une violation de l'autorité de chose jugée, qui constitue une illégalité (*CE, 13 juill. 1962, Bréart de Boisanger*). Il admet également les actions en responsabilité formées par le justiciable qui ne parvient pas à obtenir l'exécution d'un jugement.

À l'expiration d'un délai de trois mois après notification d'un jugement, les requérants peuvent signaler au Conseil d'État les difficultés qu'ils rencontrent pour obtenir l'exécution (art. R. 931-2, C. just. adm.). Lorsque des difficultés d'exécution ont été signalées à la Section du rapport et des études, le président de cette section peut saisir le président de la Section du contentieux aux fins d'ouverture d'une procédure d'astreinte d'office (art. R. 931-2 et R. 931-7, C. just. adm.).

À l'issue de chaque année civile, les présidents de tribunal administratif et de cour administrative d'appel rendent compte au président de la Section du rapport et des études des difficultés d'exécution qui leur ont été soumises (art. R. 921-8, C. just. adm.). Le Conseil d'État dresse un état de l'ensemble des difficultés qui lui ont été signalées pour obtenir l'exécution des décisions des juridictions administratives, dans un rapport annuel remis au président de la République.

Injonctions

Le défenseur des droits a le pouvoir d'adresser une injonction à l'administration coupable d'inexécution de la chose jugée. Aucune sanction n'assortit le défaut de déférer à l'injonction.

Quand le jugement implique nécessairement qu'une personne morale de droit public ou un organisme de droit privé chargé de la gestion d'un service public prenne une mesure d'exécution dans un sens déterminé, les tribunaux administratifs et les cours administratives d'appel peuvent ordonner cette mesure, éventuellement assortie d'un délai d'exécution (art. L. 911-1 et L. 911-2, C. just. adm.). Le Conseil d'État dispose des mêmes pouvoirs lorsqu'il règle un litige au fond (idem).

■ *Astreintes*

Le juge administratif peut condamner l'administration à exécuter ses jugements sous peine d'astreinte. Des sanctions sont prévues à l'encontre de toute personne coupable d'inexécution d'une décision de justice ayant entraîné la condamnation d'une personne morale de droit public à astreinte.

a) Astreinte *a priori*

Elle est particulièrement utile en complément d'une injonction ou de l'annulation d'un acte. Elle peut aussi être prononcée au soutien d'une condamnation à payer une somme d'argent (art. L. 911-3, C. just. adm.).

b) Astreinte *a posteriori*

Lorsque l'astreinte n'a pas été demandée au cours du procès, une partie peut toujours solliciter du juge, après écoulement d'un certain délai, le prononcé d'une astreinte afin de faire pression sur l'administration (art. L. 911-4 et s., C. just. adm.). Le juge de l'exécution ne peut remettre en cause les mesures édictées dans la décision dont il lui est demandé d'assurer l'exécution (*CE, 29 juin 2011, SCI La Lauzière*). En cas de refus d'exécuter, la demande d'astreinte est recevable à compter de ce refus. Seule une décision expresse de refus d'exécution fait courir le délai de recours pour excès de pouvoir (art. R. 921-2 et R. 931-2, C. just. adm.). La demande d'astreinte interrompt le délai de recours contre la décision de refus (art. R. 931-9, C. just. adm.). En l'absence de décision de refus, les demandes tendant à ce que le Conseil d'État prononce une astreinte pour assurer l'exécution d'une décision rendue par une juridiction ne peuvent être présentées avant l'expiration d'un délai de six mois à compter de la date de notification de cette décision, réserve fait de l'urgence (art. R. 931-3, C. just. adm.). Toutes diligences sont alors accomplies pour assurer l'exécution.

c) Condamnation et liquidation de l'astreinte

Un premier jugement formule une injonction et fixe une astreinte d'un montant déterminé. Un second jugement liquide l'astreinte si le premier n'a pas été suivi d'effets dans le délai prescrit.

■ *Exécution automatique*

Les décisions de justice passées en force de chose jugée condamnant pécuniairement des personnes publiques ou des personnes privées chargées de la gestion d'un service public valent ordonnancement (art. L. 911-9, C. just. adm.). Celui-ci doit intervenir dans les deux mois, quatre si la dépense est imputable sur des crédits limitatifs insuffisants, à compter de la notification de la décision. À défaut, le comptable assignataire doit, à la demande du créancier, et sur présentation de la décision, procéder au paiement. À défaut, la Cour de discipline budgétaire peut sanctionner le comptable du fait de sa carence. Le paiement forcé transite par le préfet pour les collectivités territoriales et les établissements publics.

■ *Demandes d'éclaircissement*

Les ministres ont la faculté de demander au Conseil d'État d'éclairer l'administration sur les modalités d'exécution de la décision.

Un recours en interprétation d'une décision juridictionnelle peut être formé. Ce recours n'est recevable que s'il émane d'une partie à l'instance ayant abouti au prononcé de la décision dont l'interprétation est sollicitée et dans la seule mesure où il peut valablement être argué que cette décision est obscure ou ambiguë (*CE, 13 mars 2013, Département du Tarn-et-Garonne*). L'irrecevabilité d'un tel recours est un moyen d'ordre public, y compris en cassation.

Le juge donne enfin de plus en plus souvent à l'administration des indications pour procéder à l'exécution de ses décisions (*CE, ass., 29 juin 2001, Vassilikiotis*).

La contestation de la solution

Chapitre 13

Les voies de recours sont les voies de rétractation (opposition, tierce opposition, recours en révision et recours en rectification d'erreur matérielle), portées devant la juridiction même qui a rendu la décision, et les voies de réformation (appel et recours en cassation), portées devant une juridiction supérieure. Le recours dans l'intérêt de la loi est une voie de recours extraordinaire, ouverte aux seuls ministres.

1 L'appel

Voie de recours ouverte contre les jugements rendus en premier ressort, l'appel permet de les soumettre au contrôle d'une juridiction de second degré.

■ Exercice de l'appel

L'appel n'existe pas sans texte. Si un texte le prévoit, les parties ne peuvent y renoncer avant le prononcé du jugement. Il aboutit à un réexamen complet de l'affaire, faits et droit.

Il ne peut être formé appel que d'un jugement rendu en premier ressort. Mais certains jugements ne sont susceptibles que d'un recours en cassation (art. R. 811-1 et R. 222-13, C. just. adm.). En appel, tout est passible de débat, le fondement, la procédure, la solution sur le fond ou la recevabilité, la formulation, mais uniquement au travers de la mise en cause même du dispositif du jugement dont il est relevé appel (*CE, sect., 28 janv. 1966, Soc. La Purfina française*).

Le délai d'appel est en principe de deux mois à compter de la réception de la notification régulière du jugement à la partie elle-même. La requête d'appel doit, à peine d'irrecevabilité, être accompagnée d'une copie du jugement attaqué, ainsi que de copies en nombre égal à celui des autres parties en cause, augmenté de deux.

■ *Différents appels*

Il faut, pour former appel, avoir intérêt pour agir et disposer d'une qualité pour agir. Celui qui a acquiescé ou s'est désisté en première instance n'est pas recevable à interjeter appel.

a) Appel principal

C'est l'appel de droit commun, formé par « l'appelant ». Ce n'est pas nécessairement le premier ni le plus important. L'appelant doit avoir participé à l'instance initiale comme partie, ou y avoir été représenté ou appelé (art. R. 811-1, C. just. adm.).

b) Appels complémentaires

Formés par les « intimés », ils prolongent les appels principaux ou y ripostent. Exempts de délai, ils permettent à ceux qui n'avaient pas interjeté appel de s'insérer, avec leurs propres revendications, dans l'instance ouverte par quelqu'un d'autre, et provoquent l'élargissement de l'appel et un nouveau jugement plus systématique du procès. On distingue l'appel incident, contre-appel de l'intimé en réaction à l'appelant, et l'appel provoqué, qui permet, dans le cadre d'un procès à plusieurs protagonistes, à une partie de réagir à un appel contre une autre partie que l'appelant :

- *l'appel incident « pur »*. L'appel incident constitue une réponse, une riposte, de l'intimé à l'appelant. Il permet aussi de répliquer à la manœuvre qui consisterait pour une partie à différer son appel jusqu'à l'extrême limite du délai de manière à en bénéficier seule. Il est fréquent en plein contentieux, où il permet de réagir à un appel sur une limite de responsabilité, par un appel sur le principe même de cette responsabilité ;
- *l'appel « provoqué » ou d'intimé à intimé*. Il est dirigé non contre l'appelant, mais contre une autre partie de première instance qui n'a pas interjeté appel ou est présente dans l'instance en appel. Il fait subir la réplique à d'autres que l'appelant principal. Son intérêt se manifeste chaque fois que l'instance initiale mettait en cause des relations plurales. Il ne peut être formé que par une partie qui n'aurait pas eu intérêt à former directement appel principal (*CE, sect., 21 mai 1976, Durand et Frick*).

■ *Procédure*

L'appelant doit produire un mémoire propre à son appel, sans pouvoir reproduire intégralement le mémoire de première instance. Ce mémoire doit être accompagné du texte du jugement attaqué. Les demandes nouvelles, portant sur un objet autre que celui présenté en première instance, sont en principe irrecevables. Sont recevables les moyens nouveaux d'ordre public ou fondés sur l'irrégularité du jugement de première instance.

Le requérant initial, devenu appelant, ne peut pas présenter de nouveaux moyens reposant sur une cause juridique nouvelle, sauf moyen d'ordre public ou moyens relatifs à la procédure suivie devant les premiers juges, si toutefois l'irrégularité de la procédure n'a pu être utilement contestée au cours de l'instance initiale. Il est aussi possible, même après expiration du délai d'appel, de contester la légalité externe du jugement initial, dès lors que la légalité externe de l'acte administratif litigieux a elle-même été contestée devant les premiers juges. Encore faut-il que l'appelant conteste effectivement le rejet qui a été opposé à sa prétention sans s'en référer purement et simplement à son argumentation initiale.

Le défendeur initial, même devenu appelant, demeure pleinement libre de ses moyens, y compris sur le fond du procès.

■ *Effets de l'appel*

L'appel est dépourvu d'effet suspensif. Les pouvoirs du juge varient de l'effet dévolutif à l'évocation.

a) Absence d'effet suspensif

L'appel n'a pas d'effet suspensif en principe (art. R. 811-14, C. just. adm.). L'appelant a l'obligation d'exécuter la décision de première instance pendant tout le cours de l'instance d'appel. Le sursis à exécution du jugement frappé d'appel peut néanmoins être obtenu.

b) Effet dévolutif de l'appel

L'effet dévolutif suppose que le jugement de première instance a statué sur le fond et qu'il y a lieu à réexamen de l'ensemble de l'affaire par le juge d'appel, donc qu'un jugement a été régulièrement rendu en première instance. L'intégralité du litige est portée devant le juge d'appel, qui procède à un nouvel examen des prétentions des parties, dans la limite des conclusions et moyens présentés en appel. S'il confirme le dispositif du jugement de première instance, pour des motifs différents de ceux des premiers juges, le juge d'appel opère une substitution de motifs.

De par l'effet dévolutif de l'appel, le juge d'appel est compétent pour apprécier la validité de la solution adoptée par le premier juge, et pour se prononcer lui-même sur l'ensemble des moyens et conclusions qui avaient été présentés en premier ressort et sur lesquels il n'a pas été statué par le premier juge (*CE, sect., 16 mai 2003, M*[lle] *Maltseva*). Si l'appelant était le demandeur de première instance, le juge d'appel ne connaît que des moyens de première instance repris en appel et des éventuels moyens nouveaux. Si l'appelant était le défendeur, le juge d'appel connaît de tous les moyens, même non repris en appel, à moins que l'appelant ne les ait expressément abandonnés, ainsi que les éventuels moyens nouveaux. Si le tribunal a statué de manière compétente et sans erreur de procédure, le débat d'appel se poursuit immédiatement sur la prétention de fond du requérant initial. Le juge d'appel recherche si les premiers juges ont donné une solution satisfaisante à la requête. Si tel est le cas, il rejette l'appel et la demande. Il peut adopter purement et simplement les motifs retenus par les premiers juges. Si tel n'est pas le cas, au titre de l'effet dévolutif de l'appel, il lui revient de statuer aussi à nouveau sur les autres aspects du procès pour épuiser celui-ci.

Dans l'hypothèse de l'évocation en revanche, le juge d'appel est saisi de l'ensemble des conclusions et moyens présentés par les parties devant le juge de première instance, même non expressément repris devant le juge d'appel, ainsi que des conclusions et moyens présentés en appel. L'évocation suppose soit qu'aucun jugement n'a été rendu en première instance, soit qu'il l'a été dans des conditions irrégulières.

Si les premiers juges n'ont pas abordé, ou pas régulièrement, le fond du procès, le juge d'appel annule le jugement, puis procède au renvoi ou à l'évocation de l'affaire.

2 Le recours en cassation

Le recours en cassation est un recours en légalité dirigé contre les décisions rendues en dernier ressort par les juridictions administratives. C'est un recours de droit commun, ouvert même sans texte (*CE, ass., 7 févr. 1947, d'Aillières*).

■ *Conditions de recevabilité*

La voie du recours en cassation n'est ouverte qu'aux personnes qui ont eu la qualité de partie dans l'instance ayant donné lieu à la décision attaquée. Dans les litiges de plein contentieux, doivent être regardées comme des parties à l'instance d'appel, ainsi recevables à se pourvoir en cassation, les intervenants devant le juge d'appel qui peuvent se prévaloir d'un droit auquel la décision à rendre est susceptible de préjudicier (*CE, 27 mars 2013, SELARM EMJ*).

a) Conditions relatives au jugement

Sont passibles d'un recours en cassation tous les arrêts des cours administratives d'appel, les jugements des tribunaux administratifs rendus, en dernier ressort, sur les litiges énumérés à l'article R. 222-13 du Code de justice administrative et les décisions des juridictions administratives spéciales, une fois épuisées les éventuelles voies d'appel internes.

Ce recours ne peut être dirigé que contre un jugement définitif, autrement dit un jugement qui n'est pas, ou plus, susceptible d'appel et qui est aussi insusceptible d'une voie de rétractation.

b) Conditions de forme

Le recours en cassation nécessite le ministère d'un avocat au Conseil d'État et à la Cour de cassation, sauf s'il est introduit au nom de l'État ou dirigé contre une décision définitive de la Commission centrale d'aide sociale ou d'une juridiction de pension. Le délai d'introduction du pourvoi est *a priori* de deux mois à compter de la notification du jugement qui en fait l'objet.

c) Filtrage

Chacune des dix sous-sections de la Section du contentieux peut opposer un refus d'admission du pourvoi en cassation (art. R. 822-2, C. just. adm.). Lorsque le pourvoi devient sans objet avant son admission, le président de la sous-section saisie de l'affaire peut constater par ordonnance qu'il n'y a plus lieu d'y statuer.

Il peut décider par ordonnance de ne pas admettre le pourvoi, s'il est irrecevable pour défaut de constitution d'avocat ou entaché d'une irrecevabilité manifeste insusceptible d'être régularisée en cours d'instance.

Lorsqu'il est manifeste qu'aucun moyen sérieux n'est invoqué, le président de la sous-section peut décider par ordonnance de ne pas admettre : 1° les pourvois relevant d'une série qui, sans appeler de nouvelle appréciation ou qualification de faits, présentent à juger en droit des questions identiques à celles que le Conseil d'État a déjà tranchées ensemble au contentieux par une même décision ou examinées ensemble par un même avis contentieux, 2° les pourvois dirigés contre les ordonnances prises en application de l'article R. 222-1 et 3° les pourvois dirigés contre les ordonnances prises en matière de référé suspension, de référé mesures utiles, de demande de modification d'une mesure ordonnée en référé, rejetant une demande de référé pour défaut d'urgence ou incompétence de la juridiction administrative, de référé provision, ainsi que les ordonnances rejetant les demandes de référé en matière de passation de contrats et marchés (art. R. 822-5, al. 2, C. just. adm.). L'admission du pourvoi doit être refusée si celui-ci est irrecevable ou n'est fondé sur aucun moyen sérieux (art. R. 822-5, C. just. adm.).

d) Moyens de cassation

À l'exception des moyens « *nés du jugement attaqué* », ils doivent être les mêmes que ceux développés devant les juges du fond.

e) Conditions relatives aux parties

Le recours en cassation est réservé aux parties, originaires ou mises en cause, ou représentées à l'instance de fond qui fait l'objet du pourvoi, et qui ont intérêt au pourvoi, c'est-à-dire sont affectées par le dispositif même du jugement.

Les conclusions du demandeur ne peuvent tendre qu'à l'annulation de la décision au fond.

■ *Contrôles du juge de cassation*

Le juge de cassation contrôle la légalité externe du jugement. Il s'assure des formes, donc du fait qu'il a été bien jugé, en particulier conformément aux contraintes procédurales. Il contrôle les motifs de droit. Ce contrôle porte sur la rectitude du raisonnement du juge et de la démarche juridique qui sous-tendent la décision. Le juge censure l'erreur de droit, consistant à mal interpréter les textes applicables en en altérant le champ (*CE, ass., 16 janv. 1981, Conté*). Il contrôle les motifs de fait, vérifie l'exactitude même des faits tels que retenus par les juges du fond (*CE, 2 févr. 1945, Moineau*). En revanche, il refuse d'entreprendre sur les appréciations des juges du fond sur ces faits et leur importance. Mais il recherche une éventuelle dénaturation des faits et du dossier, s'ils ont été exploités de façon tendancieuse (*CE, ass., 4 janv. 1952, Simon*). La distinction entre qualification et appréciation est subtile.

Le juge de cassation ne contrôle pas le détournement de pouvoir (*CE, sect., 6 mars 1953, Abbé Gilloteaux*).

■ *Arrêt de cassation*

Si le jugement est illégal, il est cassé. Sinon, le pourvoi est rejeté. Mais par les techniques du motif surabondant et de la substitution de motif, le juge peut parfois « sauver » un jugement illégal. Le juge peut ainsi procéder à la censure des motifs erronés sans accueillir le pourvoi (*CE, sect., 22 févr. 2005, Commune de Barcarès*).

En cas d'annulation, le principe est celui du renvoi devant une juridiction du fond. Le renvoi est exclu s'il ne reste rien à juger. Après cassation, le Conseil d'État peut régler l'affaire au fond si l'intérêt d'une bonne administration de la justice le justifie (art. L. 821-2, C. just. adm.).

Les décisions prises par le juge de cassation ne sont en principe revêtues que de l'autorité relative de la chose jugée, mais il en va autrement lorsque le juge de cassation annule une décision juridictionnelle elle-même revêtue de l'autorité absolue de la chose jugée ou la confirme par d'autres motifs (*CE, sect., 30 sept. 2005, Commune de Beausoleil*).

3 Les voies de rétractation

Ces recours sont portés devant la juridiction qui a rendu la décision. Certains sont ouverts aux personnes qui n'étaient pas présentes à l'instance, d'autres non.

Voies de rétractation ouvertes aux parties absentes de l'instance initiale

Ces voies de recours sont ouvertes à ceux qui n'ont pas produit à l'instance. Le plaideur qui a fait défaut peut former opposition, le tiers qui était dans l'ignorance du procès peut former tierce opposition.

a) Opposition

L'opposition tend à faire rejuger ce qui l'a été sans la participation de ceux que le procès concernait. Elle n'existe que devant le Conseil d'État et les cours administratives d'appel (art. R. 831-1 et R. 831-6, C. just. adm.). Elle est ouverte à toute personne qui, mise en cause, n'a pas produit de défense, qui a « *fait défaut* » faute de conclure. Elle n'a pas d'effet suspensif. Si elle est admise, l'instance reprend, chaque partie retrouvant sa position initiale dans le procès. Au besoin, un nouveau jugement est substitué au précédent, déclaré nul et non avenu.

b) Tierce opposition

La tierce opposition est ouverte aux personnes qui n'ont pas été parties à l'instance initiale, aux tiers, et leur permet de sauvegarder leurs droits. Elle est admise, même sans texte, devant les juridictions administratives (*CE, 3 nov. 1972, Dame de Talleyrand-Périgord*). Une fois admise la recevabilité de la tierce opposition, un nouvel examen de l'affaire a lieu, au regard des moyens présentés par le tiers auteur, et une nouvelle décision est rendue. Le juge ne statue que sur les moyens de la tierce opposition sans aller au-delà et sans revenir sur les moyens du recours principal. En cas de rejet, le jugement attaqué devient opposable au tiers qui a intenté le recours. Lorsque la tierce opposition est accueillie, le jugement initial est déclaré nul et non avenu et remplacé par une nouvelle décision (*CE, ass., 29 oct. 1965, Dame Béry*).

Voies de rétractation ouvertes aux parties présentes à l'instance initiale

Elles sont destinées à corriger des décisions rendues dans des conditions ou sur des bases gravement anormales.

a) Recours en révision

Le recours en révision vise à obtenir une nouvelle instruction et un nouveau jugement d'un procès. Il existe devant le Conseil d'État et les juridictions financières mais pas devant les autres juridictions administratives. Il peut être présenté dans trois cas : si la décision a été rendue sur pièces fausses, si la partie a été condamnée faute d'avoir produit une pièce décisive qui était retenue par son adversaire, et si la décision est intervenue sans qu'aient été observées les dispositions relatives à la composition de la formation de jugement, à la tenue des audiences ainsi qu'à la forme et au prononcé de la décision.

b) Recours en rectification d'erreur matérielle

Ce recours est ouvert devant toute juridiction statuant en dernier ressort, même en l'absence de texte le prévoyant expressément (*CE, ass., 4 mars 1955, Dame veuve Sticotti*). Il ne peut être présenté que par une partie à l'instance ayant donné lieu à la décision dont la rectification est demandée. Justifient la rectification les erreurs rédactionnelles et toutes les méprises du juge dans l'instruction ou sur le dossier de l'affaire (*CE, sect., 21 nov. 1930, Dame veuve Benoit*).